U0510808

本书系国家民委民族问题研究《基于民间文献收集整理的京杭运河沿岸民族社区研究》（项目编号：2019-GMC-050）资助课题

鲁西北回族乡镇经济社会变迁研究

——以张鲁为中心

李宇鹏／著

中国社会科学出版社

图书在版编目（CIP）数据

鲁西北回族乡镇经济社会变迁研究：以张鲁为中心/李宇鹏著 . —北京：中国社会科学出版社，2020.8
ISBN 978 - 7 - 5203 - 7015 - 8

Ⅰ.①鲁…　Ⅱ.①李…　Ⅲ.①农村经济—社会变迁—研究—聊城
Ⅳ.①F327. 523

中国版本图书馆 CIP 数据核字（2020）第 151961 号

出 版 人	赵剑英
责任编辑	吴丽平
责任校对	周　昊
责任印制	李寡寡

出　　版	中国社会科学出版社
社　　址	北京鼓楼西大街甲 158 号
邮　　编	100720
网　　址	http://www.csspw.cn
发 行 部	010 - 84083685
门 市 部	010 - 84029450
经　　销	新华书店及其他书店

印　　刷	北京明恒达印务有限公司
装　　订	廊坊市广阳区广增装订厂
版　　次	2020 年 8 月第 1 版
印　　次	2020 年 8 月第 1 次印刷

开　　本	710 × 1000　1/16
印　　张	14
插　　页	2
字　　数	230 千字
定　　价	88.00 元

凡购买中国社会科学出版社图书，如有质量问题请与本社营销中心联系调换
电话:010 - 84083683
版权所有　侵权必究

序　言

　　李宇鹏的《鲁西北回族乡镇经济社会变迁研究——以张鲁为中心》是在其博士毕业论文基础上修改而成的，是一篇以山东张鲁回族镇为个案的实地研究与调查研究之成果。

　　张鲁是李宇鹏的故乡，是一个典型的回族乡镇，处于汉族文化的包围圈中。从 20 世纪 30 年代至今，张鲁的经济发展水平不断地实现超越。值得一提的是，当地传统的回族文化非但没有被汉化，相反得以较好的传承。在社会转型期，很多农村社区面临传统与现代、落后与先进、排外与吸收、凋敝与外流等二元结构的困境。以历史发展为纽带，探寻回族传统文化与现代化进程何以发生碰撞与和谐共处，是成文的初衷与动力。李宇鹏潜心扎入文献搜集，足迹踏遍多地图书馆、乡镇政府及村落，获得了翔实的馆藏数据及有用资料，对当地历史与回族历史进行了严格的纵向梳理。此外，李宇鹏注重"主体我"与"客体我"的有机结合，不断地进行反思与摸索。自 2014 年 2 月至 2017 年 10 月，他前后多次回访张鲁，以参与观察、非结构访谈与问卷调查为主要研究方式，既有定性研究的饱满文字描述，又有定量研究的客观数据分析。研究表明，张鲁回族传统文化得以延续的根源在于适应现代化的发展，主要体现在以清真寺为中心的宗教体系与传统种植业、其他新型发展模式的经济力量之有序交融。而当地发展的根本动力在于和谐的回汉民族关系。回族群众具有"实现自我与周边汉族村落共同致富"的宽广胸怀与奋进精神，这种精神可谓民族精神！

　　其间，他受邀参加中国社会科学院民族学与人类学研究所举办的"转型社会——国家体制与社会治理"高端学术论坛，并将阶段性成果"回族乡镇权力变迁研究"和学者们分享与切磋。该论文还先后获得了中央民族大学博士研究生自主科研课题、国家民委民族问题研究后期资助项目的基金资助。作为导师，我在此向中央民族大学、国家民委民族问题研究中心对于青年学者的资助表示由衷的感谢。

李宇鹏从本科到博士，均在中央民族大学学习社会学专业。与我颇有缘分，其间一直跟随我学习理论知识并开展实地调研。毕业后，他还成了一名高校社会学专业教师，让我颇感欣慰。前段时间让我代为其《鲁西北回族乡镇经济社会变迁研究——以张鲁为中心》书稿作序，我欣然接受。完成一份满意的民族志任重而道远，《鲁西北回族乡镇经济社会变迁研究——以张鲁为中心》仅为其学术生涯的起点。希望他能秉持学术修养，实事求是、不断探索，向马林诺夫斯基（Malinowski）的《西太平洋上的航海者》、林耀华的《金翼》、费孝通的《江村经济》等经典著作看齐，期待他能取得更大的进步！

姚丽娟

2017 年 12 月于中央民族大学

目　　录

第一章　绪论 ························· （1）

第一节　研究的缘起与意义 ··········· （1）

第二节　研究现状回顾与分析 ········· （2）

第三节　概念的界定 ··············· （20）

第四节　研究方法 ················· （22）

第五节　理论视角及可能的创新 ······· （26）

第二章　山东回族"大杂居、小聚居"的格局 ··· （30）

第一节　山东回族 ················· （30）

第二节　张鲁回族族源探析 ··········· （33）

第三章　张鲁：一个回族聚居区的历史与现状 ··· （36）

第一节　地理环境 ················· （37）

第二节　人地关系与耕作制度 ········· （39）

第三节　亲属关系 ················· （40）

第四节　光荣的历史 ··············· （41）

第四章　家 ······················· （45）

第一节　家庭结构 ················· （46）

第二节　家庭关系 ················· （49）

第三节　家族 ····················· （51）

第四节　生育制度 ················· （52）

第五节　两性关系 ················· （54）

第五章 散杂居回族地区的经济变迁 ……………………………… (58)

第一节 1949 年前的回族经济状况 …………………………… (58)

第二节 1949 年后至改革开放前的回族经济状况 …………… (61)

第三节 改革开放后的回族经济变迁 ………………………… (86)

第四节 小结 …………………………………………………… (121)

第六章 村庄权力变迁 ………………………………………………… (123)

第一节 1949 年前的回族村落政治体系 ……………………… (123)

第二节 1949 年后至改革开放初期的回族村落政治
体系变迁 ……………………………………………… (127)

第三节 改革开放后至今的回族村落政治体系特点 ………… (130)

第四节 小结 …………………………………………………… (137)

第七章 社会生活变迁 ………………………………………………… (138)

第一节 张鲁镇的回族生活方式与变迁 ……………………… (138)

第二节 风俗习惯及其变迁 …………………………………… (144)

第三节 村庄教育 ……………………………………………… (149)

第四节 宗教生活 ……………………………………………… (153)

第五节 回汉民族关系状况 …………………………………… (156)

第八章 关于回镇经济社会发展的思考 ……………………………… (158)

第一节 回镇的经济与社会变迁的内涵 ……………………… (158)

第二节 时代变迁与地方民族社会 …………………………… (160)

第三节 回镇的未来发展 ……………………………………… (164)

参考文献 ……………………………………………………………… (168)

附 录 ………………………………………………………………… (178)

附录一 2014 年 8 月调查问卷 ……………………………… (178)

附录二 调查问卷统计分析 …………………………………… (186)

附录三　个案访谈记录选编 ……………………………（201）

附录四　调研地点照片 …………………………………（210）

后　记 …………………………………………………（214）

第 一 章

绪 论

第一节 研究的缘起与意义

习近平总书记在中共十九大报告中指出：要"深化民族团结进步教育，铸牢中华民族共同体意识，加强各民族交往交流交融，促进各民族像石榴籽一样紧紧抱在一起，共同团结奋斗、共同繁荣发展"①。中国是由56个民族组成的多元一体的多民族国家，汉族主要聚居于中国东部和中部地区，少数民族则主要居住于西南、西北和东北等边疆地区。居于东部的少数民族主要以散居的形式同汉族杂居，或零星分布，或以民族乡镇的形式相对集中居住。改革开放以来，中国经济社会迅速发展，已经取得举世瞩目的成就，城乡二元社会结构已经发生了深刻变化，但中国至今仍可以称为"乡土中国"，中国的城市化及非农化过程还很漫长。要想获得对中国这样一个多民族国家的深刻认识与理解，乡村生活尤其是少数民族聚居乡镇的社会生活就是必须要加以研究的重要内容。本书即将研究区域界定在中国东部地区的少数民族聚居乡镇——山东省聊城市莘县张鲁回族镇。

民族性与经济性是民族村寨经济转型研究的立足点和着力点，经济性是民族性的经济表达方式，民族性是民族村寨经济的精神内核，两者的融合和相互作用是民族村寨经济的本质体现，即民族因素在民族村寨经济具有重要的地位与作用。对民族村寨经济变化与经济关系的考量离

---

① 习近平：《决胜全面建成小康社会，夺取新时代中国特色社会主义伟大胜利——在中国共产党第十九次全国代表大会上的报告》，人民出版社2017年版。

不开民族要素，正如洛克伍德所言，"经济活动是涵括了大量的非经济因素的"[①]，无论是经济因素还是非经济因素，都具有民族的特征。民族村寨经济发展的多样性与差异性以及与市场经济的各种关系，是由历史文化、风俗习惯、宗教信仰、文化心理、社会形态、价值取向等众多因素决定的。这样的研究也可以对正在以不同的方式参与主流经济体系的民族村寨实践活动提供一定的借鉴和参考。

回族作为中国分布最广的少数民族，除了少数几个回族聚集区外，一直以来被汉族文化圈所包围。当前，学术界对民族研究特别是少数民族的研究，多侧重于西南或西北少数民族研究，而单独对东部少数民族聚集区，特别是某个回族聚集区的经济社会研究较少，而民族问题作为当前研究的热点，对少数民族群体的各个方面的发展均具有现实性和紧迫性，从而为国家提供政策决策的支撑和参考。本书通过文献研究与实地研究方法对山东西北部地区一个典型回族聚集区的分析，力图由点到面地了解此类社区的内在发展机制、发展中存在的问题以及未来发展方向。

第二节　研究现状回顾与分析

一　国外有关农村研究的回顾与分析

（一）国外关于农村研究的历程

农村研究起始于美国，早在 1894 年，罕德逊（C. R. Hendeson）就在美国芝加哥大学讲授"美国乡村生活的社会环境"，1915 年，美国乡村社会学家盖尔平（C. F. Galpin）发表了"一个农业社区的社会解析"（The social anatomy of agricultural community），被认为是第一次对乡村社区进行的系统分析。所谓乡村社区，乃是指"聚居在一定地域范围内的农民在农业生产方式基础上所组成的社会生活共同体"。[②] 19 世纪以来，随着工

[①] Lockwood, V. S. "Capitalism, Socioeconomic Differentiation and Development in Rural French Polynesia", Barry L. Isaac Research in Economic Anthropology. London Jai Press Inc. 1991.

[②] 杨斌、石龙宇、李春明：《农村生态社区概念及评价指标体系》，《环境科学与社会》2015 年第 12 期。

业化、城市化进程的不断推进，乡村社区变迁及其机制一直是乡村社会学研究的重点。乡村社区变迁是社会变迁的有机组成部分，乡村社区变迁中面临的主要社会问题，一是社会冲突，包括社区要素或社区主体的变化导致的内部冲突问题，如农民与农场主的冲突、人地冲突等，以及社区与外界的冲突，如与城市的冲突、与外来者的冲突等；二是乡村贫困问题和乡村发展等问题。

　　城市化与工业化极大地改变了原有的乡村——城市空间格局，并进而影响一个国家的民主或专制进程。帕尔（Pahl，1965）将大城市周围农村地区的城市化边缘称为都市村庄，其中居住着大财产拥有者、秘书、有一定资金的退休工人、农村劳动阶级、通勤者和传统农民等几类人。现在公认的最早涉及城乡边缘带概念的是德国地理学家赫伯特·路易斯（L. Louis），他于1936年研究柏林城市地域结构时发现，某些原属于城市边界的地区，后被建成区所侵吞，成为市区的一部分，这被称为城市边缘带。1966年，巴林顿·摩尔在其《民主和专制的社会起源》中提出了一个著名的论断："一个国家农民和农业的商品化程度决定了他们走上民主还是专制的道路。"① 从而引发进一步的思考：在商品化过程中，农民及农民社会需要适应商品化社会的进程而不断改变，而转变的方式和程度上的差异决定了国家民主或专制的进程。

　　国外的农村变迁有先例可循，欧洲农村社会变迁的基本模式是：工业化和城市化的扩张，即强行"占有和剥夺"原有的种地农民。这一方面为工业化提供了源源不断的劳动力，另一方面实现了农业资源的集中化和产业化，为国家资本主义的发展提供了广阔的平台，提高了农业经济效率。但是这个转化的代价是极大的，变革往往以宗主国农民的生命为代价，且真正能实现农业规模经营的国家屈指可数。美国、加拿大、澳大利亚均为殖民主义者开疆拓土而形成的国家，而欧洲其他发达国家虽然已经市场化了几百年，却都没有实现美国式教科书中才有的"农业规模经营"，因为欧洲的农场均以小农场为主。

　　发展中国家的农村变迁，同样是各有其办法。印度施行了土地私有化和市场化自由流转，导致目前的农村游击队和城市贫民窟并存的现状。

---

① ［美］巴林顿·摩尔：《民主和专制的社会起源》，华夏出版社1987年版，第23页。

菲律宾同样实现了土地私有化并导致了大量的劳动力外流现象,以削弱本国过剩劳动力。相对而言,中国的农村转型任务更为艰巨,一是我国人口基数庞大,二是人均耕地面积数量相对较低。1949年后的几十年里,中国一直按照土地改革、农业集体化与合作化、家庭联产承包责任制、乡镇工业化的道路逐步进行变革,没有实行集中性的土地私有与急遽的农业规模经营模式,而是走了一条具有中国特色社会主义新农村变迁之路。

埃弗里特·M.罗吉斯、拉伯尔·J.伯德格认为,乡村社会变迁是一个复杂的系统工程,是乡村经济、政治、社会及文化的全方位、整体性变迁,"社会变迁是社会系统结构和功能的更替过程。社会变迁有三个前后相继的阶段:(1)发明,即新思想形成和发展的过程。(2)传播,向社会成员传播新思想的过程。(3)产生结果,由于接受或拒绝新思想而引起社会系统内部的变化。"[1] 农村社会变迁也就是这三个相互关联的过程所带来的社会结构的嬗变与重构。

(二)国外关于农村研究的理论

1. 区位理论

区位研究源于约翰·海因里希·冯·杜能(Johan Heinrichvon Thunen)1826年出版的《孤立国对于农业及国民经济之关系》。作为现代西方区位理论的先驱者,杜能依据19世纪初德国的农业与市场状况,探索性地提出因为地价的不同而引起的农业分布现象,创立了农业区位理论。1909年,阿尔弗雷德·韦伯(A. Weber)发表的《工业区位理论:区位的纯粹理论》,标志着这一理论正式诞生。1933年,克里斯·泰勒(W. Christaler)的《南德的中心地》、1939年廖什(A. Losch)的《经济空间秩序》等著作,则将这一理论推向新的高度。区位理论认为,城市是一种社会生产方式,它以社会生产的各种物质要素和物质过程在一点状空间上的集聚为特征;整个社会经济系统由不同的城镇个体及子系统组成,城镇之间及子系统之间存在着相互作用,城市的集聚性使得作用力最大,从而创造出一个大于分散系统的社会经济效益,这就是城市化

---

[1] [美]埃弗里特·M.罗吉斯、拉伯尔·J.伯德格:《乡村社会变迁》,王晓毅、王地宁译,浙江人民出版社1988年版,第25页。

的动力源泉。

2. 二元经济结构理论

"刘易斯—拉尼斯—费景汉"模型把发展中国家的经济结构概括为现代工业部门与传统农业部门并存的二元结构,建立了两部门经济发展模型,指出农业的发展不仅为工业的扩张输送动力,而且还提供农业生产资料,奠定了劳动力无限供给条件下二元经济结构理论的基础。"乔根森模型"则对"刘易斯—拉尼斯—费景汉"模型中产生劳动力无限供给现象的各种假设做了深刻反思,在此基础上指出了农业剩余是劳动力从农业部门转移到工业部门的充分与必要条件,使人们对工农关系与城乡关系的研究进一步深化。"托达罗人口流动模型"指出,人口从农村流向城市,取决于城市与农村实际收入的差别以及城市为农村人口提供的就业机会。二元经济结构理论虽不能准确概括我国当前的经济结构,但它指出发展中国家要通过现代部门不断的资本积累、技术进步和组织创新来改变人们的就业、举止方式和消费结构,以实现落后国家向发达国家的转变。

3. 农村社会变迁的"三维动力模型"

彼得·B. 尼尔森(Peter B. Nelson)研究美国西部乡村重构问题时提出了当代美国西部乡村社会变迁的"三力作用模型",即移民、科技发展导致的经济部门转换和人地关系的变化共同作用,导致整个美国西部乡村社区的巨大变化。彼得·B. 尼尔森认为,影响乡村区域变迁的最主要力量是移民,人口的作用力正在改变着社会文化景观;与移民过程相关联的是同时发生的经济变化;隐含在移民和经济转变之中的是信息技术的发展。今天,偏远的乡村区位产生的"费用"更容易被克服,而且我们可能正在进入一个时空统一的时代(Janele,1969;Harvey,1989)。人地相互作用的变化也是乡村社会变迁的三个重要作用力量之一。此外,自20世纪70年代的环境运动以来,伴随着当前日益高涨的发展势头,非农化利用环境变得越来越重要。

区位理论、二元经济结构理论、三维动力模型从不同角度提出并回答了关于农业区位与工业区位、城市与乡村关系、乡村社会经济变迁动力及机制等论题,也为认识乡村社会变迁及其机制提供了不同的视角。这些理论与方法均对本书的研究具有重要的理论启示和借鉴意义。

二　国内关于农村研究的回顾与分析

（一）国内有关少数民族村落的研究

1. 国内有关民族村落调查研究的代表者及著作

中国少数民族村落的研究可以追溯到 20 世纪早期。主要有两个学术传统：一是以与民族学的历史学派有较深厚关系的南京中央研究院为中心的传统，如以凌纯声和芮逸夫等代表的学者，他们关注的对象主要是民族，涉及边疆民族的调查以及民族关系的研究；二是以燕京大学为中心的传统，受功能学派的影响较大，在吴文藻教授领导下的研究方向重点关注社区，费孝通、林耀华等学者无论对少数民族社会还是汉人社会，重点都在对社区的组织和结构特征的研究与分析。"这两种传统经过多重变故后都非常曲折地延续了下来，最终大多归结为社区结构与社区发展、民族发展和族群认同的主要研究领域上，对汉人社会的研究大体上是单一的，而对少数民族村落的研究经常是将两者混合在一起。"[①]

20 世纪早期典型的研究案例如下。凌纯声《松花江下游的赫哲族》记载了赫哲族的历史，为中国民族学树立了一块具有开创性的历史丰碑，堪称中国民族学田野工作的起点，是民族志方面的调查报告。凌纯声和芮逸夫《湘西苗族调查报告》是国内学术界对湘西苗族的第一部专著，此书聚焦于湘西苗族文化的展示，通过实地摄影、图画素描、民间文物的搜集，甚至拍摄成影片，加上文字资料说明等，再现了当时湘西苗族社会文化的真实图景。费孝通《花篮瑶社会组织》是第一次用"微型社会学"的调查研究方法剖析花篮瑶的社会组织的专著，运用人类学的理论和方法剖析了金秀大瑶山族团之间的关系以及发展趋势。林耀华《凉山彝家》是研究彝族的经典之作，根据林耀华 1943 年、1975 年和 1984 年三次上凉山收集到的资料，从区域、氏族、亲属、家族、婚姻、经济、阶级、怨家、巫术 9 个方面描述了 1943 年的凉山倮倮，而后从自治政权的建立完善、生产关系的变革、社会经济的发展、等级观念的残存和家支活动的兴衰 5 个角度描述了 1949 年之后的凉山彝家的变迁。近期从人

[①]　庄孔韶：《中国乡村社会人类学的研究进程》，《广西民族学院学报》（哲学社会科学版）2004 年第 1 期。

类学、民族学、社会学角度对少数民族社区研究的著作和论文更为多见，如徐平的《文化的适应与变迁：四川羌村调查》，在对羌村这一典型社区进行了长达三年的实地调查基础上，运用文化人类学、社会学、考古学和历史学的研究方法详细描述分析了羌村人的经济生活模式、社会构建和运转以及个人与社会的关系，提出文化的本质在于适应、适应带来社会进步的理论假设，在社会变迁和文化交融更为剧烈的今天，人们如何更好地适应急剧变化的世界，该书给予我们很好的启示。[①] 对各种类型的少数民族村落生活变迁进行描述和研究，探讨传统与现代的互动，对本书研究有很大的启示，典型少数民族社区研究方法对了解和理解少数民族现实的社会生活有重要的参考价值。

2. 国内有关单位组织的民族村落调查情况

2004 年，中国人民大学、清华大学和中国社会科学院联合开展了中国综合社会情况调查，借鉴日本、韩国以及西方国家的问卷调查模式，制订十年中长期调查计划，对全国 31 个省/区的农村和城市社区进行调查，陆续形成《中国农村居民社会保障调查研究报告》及《中国农村居民养老保险实证研究报告》等一系列的调研成果。在民族村落调查方面，2009 年，云南大学组织民族学人类学暑期调查实践，向全国招收学员，培训后安排到少数民族村寨进行调研；2010 年，中央民族大学针对少数民族经济发展情况，组织开展关于民族经济村庄的调查，截至 2013 年 4 月，已完成 87 个村庄的调查，出版著作 44 本；2013 年，为给国家调整和制定政策提供有价值的实证素材和依据，中国社会科学院民族学与人类学研究所组织开展了 21 世纪中国少数民族地区经济社会发展综合调查，2015 年 8 月 28 日发布了首批调研成果《中国民族地区经济社会调查报告》，共包含 18 本调研专著，其中 3 本是 2013 年对 16 个调研点数据的多层分析报告。该报告通过广泛的调查研究，在民族政策、民族工作、民族发展经验以及民族地区现存问题上，从宏观和微观两个层面全方位、多角度地呈现了我国少数民族地区的经济社会发展情况。

（二）国内有关农村经济变迁的研究

回顾 1949 年后的农村经济变迁过程，大体可以分为三个途径：一是

① 徐平：《文化的适应与变迁：四川羌村调查》，上海人民出版社 2006 年版。

农村城市化，二是农村工业化，三是农业商品化。

第一个途径是农村城市化。回顾 1949 年后农村的城市化过程，我们可以看到其最早的形态是小城镇的发展和建设，它是与农村工业化相结合而产生的。在学术界，自 1983 年费孝通先生《谈小城镇建设》一文在《社会学通讯》上发表①，小城镇建设就成为当时学界关注的热点，但是由于小城镇建设的地域性差异，随之而来的是 20 世纪 80 年代中后期的大中城市诸如北京的城市化建设浪潮，使得其周边的许多乡村被城市吞并或包围，原来的农民主动地或被动地融入城市生活中去，成为失地农民。当然，城市的扩张也为失地农民提供一定的经济效益。另外，中心城市的扩张与小城镇的发展相互联系与支撑，两者连接并构成巨型城市群，如京津冀城市群、长三角城市群以及珠三角城市群等。

第二个途径是农村工业化。农村工业化的发展最早可以追溯到 20 世纪 30 年代，当时农村手工业对农村产生了巨大的作用。有研究者将当时的农村工业划分为家庭工业和作坊工业，并意识到家庭工业和现代化大工业之间的差距，提出中国工业化应该走集中和分散相结合的道路，认为民族工业应该尽可能地集中在大城市发展，而涉及人们日常生活用品的工业应该分散在各地乡村。费孝通、张之毅等对江村、易村的调查也提出相似的观点。费孝通对江村（江苏省吴江县开弦弓村）的调查研究集中讨论了如何将乡村工业和科学的生产技术有效结合起来，倡导可以把不集中的工业放到农村中去发展，以促进资源的平等分配。该观点在改革开放后得到印证，这也就是费孝通等学者继续倡导的"志在富民"的道理。随着农村家庭联产承包责任制的出现，农产品的产出大幅度增加，农民生活得到普遍的提高，农产品的富足带来小商品经济的发展，全国上下进入了农村工业化时期，各地的乡镇企业纷纷上马，这个过程与费孝通先生当初倡导的农村工业化发展的道路相吻合。但分散的农村工业化产生了很大的弊端，无法实现规模经营，资源浪费比较严重，导致大量乡镇企业倒闭。改革开放以后，从实行家庭联产承包责任制，恢复生产及农产品产量大幅度提高；到大力发展小商品经济，农产品更加富足并带来区域经济社会更高程度的发展；再到后来各地遍地开花的乡

---

① 费孝通：《谈小城镇建设》，《社会学通讯》1983 年第 2 期。

镇企业，其实这是一个持续发展与克服瓶颈的过程。随着市场的盘活，大量外来投资的引入，珠三角与长三角地区发挥区域便利，优势乡镇企业得以逐步转型，实现规模化和集群化，比如广东南海的铝材、中山的家具等，许多村庄和区域均进行集团化的乡镇企业经营，建立现代企业制度，走出家族式经营模式，开创了品牌并探索出新的发展道路。反之，中西部地区的乡镇企业逐步在竞争中失去了优势并退出人们的视野。如著名社会学家徐平教授所提到的在汶川发展的羌锋公司，发展股份制农业产业之路，如同费孝通所言，这是"在做一件改变当地几千年民族文化的事情"，但最后以失败告终。有两个主要原因，一是区域性的限制，当地农村的商业化、产业化底蕴不强，小农经济的底子较厚；二是缺乏后期的外来投资，资金短缺，没有形成特色型产业化和集团化的经营。诸多研究者也意识到农村经济发展的多元性和差异性，尝试探讨不同的经济发展模式，如温州模式、苏南模式和珠江模式等。此外，还有关于边远地区开发的研究，如费孝通对甘肃定西等地的区域研究。由此可见，学术界在探寻中国农村工业化发展道路的过程中总结出不同的发展模式，进而分析这些模式背后的制度特征及其发展逻辑，在此基础上进一步讨论这些发展模式推广的可行性。

第三个途径是农业商品化。中国的农业商品化主要包括以下几个特点。第一，就地发展。农民仍居住在本地，生产适合市场需求的产品，提高产出效率，将本地农业与外地大市场对接起来，实现双赢，从而改善自己的生活。如费孝通在关于农业商业化的论述中，就曾提出"公司＋农户"的方式和以专业户、专业村所组成的"一村一品"为形式的庭院经济。① 在某些地区，还形成了商品化农业经营的发展模式，如河南的民权县等。第二，对农民土地所有权的争议。很多学者认为，当前的土地集体所有制及以家庭为单位的农业生产方式限制了农业的集约化和商品化程度，由此引发了对土地所有权和使用方式上的争论。一方面是新自由主义经济理论的奉行者，其表现为主张土地私有和生产资料按照市场需要自由分配，增加其利用效率，提升农业的商品化和产业化利

---

① 费孝通：《农村、小城镇、区域发展——我的社区研究历程的再回顾》，《北京大学学报》（哲学社会科学版）1995 年第 2 期。

用率，也就是所谓的"土地私有化＋流转市场化必然导致农业的规模化经营"的逻辑。此外，还有诸多通过深入农村进行类型和经验比较研究的学者，深刻了解到不同区域的农村发展特点，强调土地私有化对农户和国家所带来的巨大压力，呼吁建立"农村社区建设＋小农生产相结合"的稳步变革的模式。第三，走符合自身条件的发展之路。无论是农村城市化、农村工业化还是农业商品化，都要破除故步自封的传统农业经济模式。如有的农村可以选择"工业化＋外来投资"的方式实现转变，靠近城市的农村可以通过"城市化"的道路实现转变，较为偏远的农村则可以依靠"集约化的农业经营＋政治精英"实现转变。

在这些因素的背后，我们看到的是区域农村经济发展与城市的关系，地方政治精英等因素的相互交错与相互影响等。在发展不均衡的中国，我们需要根据不同的类型进行经验研究以找到解决问题的可行路径，山东省聊城市莘县张鲁镇就是众多类型中的一例，这也是本书研究的意义所在。

（三）关于农村政治生活变迁的研究

研究中国农村社会经济发展，不可避免地要研究农村的政治生活，千百年间，关于中国农村的政治制度与政治方向都是国家政治制度中至关重要的环节。国外很多社会学家从政治社会学的角度提出并建构许多经典的理论架构，诸如马克思的商品化即阶级斗争理论、韦伯的理性化即科层制度理论、迪尔凯姆的现代化理论即分化理论以及莫斯卡和帕累托的精英主义理论等，这些理论在中国社会学本土化研究过程中都被应用到中国农村政治的研究中。

其实在很长的一段时间中，中国农村政治研究都被趋同于马克思的经典阶级分析的模式范畴，很多学者试图将中国农村政治解释为阶级关系的一个反映。根据此观点，农民的困境和痛苦主要由于地主阶级对农民的"剩余价值"的剥削造成的，这种剥削通过地租、税收和高利贷利息来实现。因此，农民对代表地主阶级利益的士绅——官僚阶级进行阶级革命，土地革命后将土地分配给农民。该模式认为，中国农村生产方式最大的特点是，农业和手工业生产以家庭为单位，这种方式阻碍了生产力的发展，不利于社会主义制度的建立，必须加以改变，这就是后来的集体化、"大跃进"运动和人民公社化运动建立的主要理论依据。

中国农村的研究可分为两种：一种是着眼于国家中心主义，认为农民在地位上是被动的；另一种是承认农村斗争的存在和农民的影响。

第一种观点认为，党具有绝对权威并具有不可挑战性，且社会上的个体依赖于精英的权力进行经营的分配。虽然为工农联盟，但农民处于被动地位，农村是落后和愚昧的。因此，有相当数量的研究是建立在打破传统农村社会而建立一个以党为领导、国家等一切服从于党的框架体系。按照舒尔曼的分析，为期一个世纪的中国民主革命的成功，其实是摧毁了三个传统的特质：以儒家思想为核心的文化系统、以中国士绅阶层为统治阶层的社会系统、以家庭为前进动力的人格系统。随之形成新的系统形式：新的组织（党组织、集体农业和中央计划下的经济形式）及新的意识形态（马列主义和毛泽东思想）。帕斯·威廉及马丁·怀特将其描述为两个重要的转变：其一是经济结构的变化，包括土地革命、集体化和人民公社化；其二是社会生活有所改善，比如托儿所及缝纫合作社的出现将妇女从家庭劳动中解放出来。以上这些研究都是在国家与个体层面上强调国家中心论的观点，这种观点将国家看成改变中国农村一切的根本力量，农民干部被认为是国家意志的忠实追随者，农民被看作是被动的，并接受国家给他们带来的种种变化。

第二种观点强调社会力量争取权力的斗争，包括各种形式的农民反抗以及农民寻求他们利益的种种斗争方式。周小凯认为，改革的先锋是农民而不是在北京的权力精英。她的研究以"谁改变了中国"为开始，试图推翻精英角度和"文化大革命"角度的解释，她将农民在包产到户、市场改革、农村工业化、人口流动、对计划生育的反抗和农村妇女的转变等一系列行动概括为"SULNAM 行动"①，即自发的（Spontaneous）/无组织的（Unorganized）/无领导的（Leaderless）/非意识形态的（Non-ideological）/非政治化的（Apolitical）行动，与斯科特的著名概念"弱者的武器"相对比，她将这种行动称为"强者的武器"。

此外，不少研究者致力于用各种不同的模型来描述中国的农村政治，例如多元主义模型、利益群体模型等。尽管有各种不同的视角，但国家

---

① Zhou, Kate Xiao, *How the Farmers Changed China: Power of the People. Boulder, Colo*, Westview Press. 1996.

与社会、政策、非正式制度设置和风俗习惯等都作为影响因素成为研究对象。范尔凯姆维克特在《中国的政治参与》一文中，分析了中国人对于政治地位和利益的追求的种种手段，包括"个人派别""信仰体系"和"观念群体"的冲突，官僚群体与地域的利益群体之间的冲突，所有这些都被引入中国的政治社会研究中。

值得一提的是，黄宗智倾向于把中国的农民称为中国的小农，其区别于现代农业中的农民，《华北的小农经济与社会变迁》《长江三角洲小农家庭与乡村发展》通过对华北平原、长江三角洲的小农经济与乡村社会的研究，认为中国农村的变迁和发展存在一些"悖论现象"。他认为，中国的小农既不完全是像恰亚诺夫等实体主义经济学家所认为的生计生产者，也不完全是舒尔茨等形式经济学家所认为的那种追求利润最大化的"理性的农民"。中国的小农是介于两者之间，或者是两者的结合，他们既为自己的日常消费而生产，同时也具有资本主义生产方式的某些特征。

费孝通则用"乡土中国"概念来形容中国农村社会的特点。中国社会基层的特点是"乡土性"的，费孝通认为其最重要的特点是"土"："我们说乡下人土气，虽则似乎带着几分蔑视的意味，但这个土字却用得很好。土字的基本意义是指泥土。乡下人离不开泥土，因为在乡下住，种地是最普通的谋生办法……'土'是他们的命根。"[1] 费孝通"乡土中国"的描述体现了基于传统农耕经济的中国传统社会的基本特征与特色。

对于中国的农村政治研究，20 世纪 80 年代以来，村民直选与村民自治成为揭示和研究中国农村政治的重要环节。杨爱民认为，村民自治的含义就是：村民依法通过民主选举、民主决策、民主管理、民主监督等形式，实现自我管理、自我教育、自我服务；简言之：通过"四个民主"实现"三个自我"而达到村民依法处理自己的事情。[2] 冯辉指出："我国的村民委员会是具有中国特色的真正民主的基层群众性自治组织，村民自治是一种直接民主形式，在农村实行村民自治是建设社会主义民主政

---

① 费孝通：《乡土中国》，北京出版社 2005 年版，第 1—2 页。
② 杨爱民：《村民自治与中国农村政治体制改革》，《河北学刊》1995 年第 5 期。

治的适合的途径和形式。"① 相较于农村经济发展模式的多元化，在进行了村民直选之后，农村政治变迁的方向似乎明晰了很多，但仍有很多因素影响村民自治的运行与实践。如上级政府对下级政府在村民直选上的影响是其中的重要因素，农村干部是上级政府政策实施的主要媒介，因此上级政府拥有强大的干预力量。唐崇佑认为，村民自治实施中的主要问题表现在：村级集体经济基础薄弱，削弱了村组织对村民的吸引力和号召力；新旧体制转换过程中，旧体制还未消除，新体制还未真正建立，村民自治组织难以真正发挥其作用；村民民主素质较低；农村党组织领导不力，一些干部工作、生活作风存在严重问题，难以取得村民对村组织及干部的信赖和支持。② 此外还有农村宗族势力的影响。有宗族力量存在的村落，宗族对村庄选举的影响是显而易见的，"继家庭承包之后崛起的农村基层新的治理形式——村民自治，必然会受到家族传统文化的浸润"③。首先，在村民选举过程中，宗族很容易联结成为利益共同体，大宗族的人员很容易胜出；其次，不同宗族的利益集团较易形成不同的势力集团，其对民主选举产生不可小觑的力量。

可见，以农村直选为代表的农村政治转型仍然面临许多问题。在国家层面上，我们究竟需要一种什么样的村民自治似乎尚无定论。村庄的情况千差万别，包括地域、经济、宗族等方面，是否也如同经济发展模式那样，走多元文化农民政治转型之路，还需进一步的思考与探索。

(四) 关于社会生活变迁研究

在中国农村政治与经济变迁的同时，在社会生活层面上也发生巨大的变化，主要涉及以下几个方面。

第一是个体层面上的变化。包括农民的思想、价值观念的变化，以及生活方式的变迁。④ 这些研究都表明，农民价值观在很多方面均发生重大变化，体现了政治、经济因素对社会生活的影响，比如婚姻观念的变

① 冯辉：《对我国村民自治制度的几点认识》，《政治学研究》1996 年第 3 期。
② 唐崇佑：《现阶段实行村民自治过程中的问题及解决途径》，《社会主义研究》1991 年第 1 期。
③ 徐勇：《浸润在家族传统文化中的村民自治——湖南秀村调查》，《社会科学》1997 年第 10 期。
④ 孔小礼：《科学技术和中国农村的生活方式》，《学习与研究》1985 年第 11 期。

化、宗族方式的改变及为人处世方面的改变等。还有因农村发展的滞后带给农民价值观方面的危机问题等的最新研究。经过几十年政治制度的变革和外来新生事物的冲击，他们的观念和意识发生巨大变化，农民根植于土地但是不再拘泥于土地。

第二是家庭组织形式的变化。在家庭联产承包责任制影响下，农村大家庭迅速分化，小家庭在数目上占据绝对优势。但家庭规模的缩小并没有降低血缘关系在农民社会中的地位，血缘关系仍然是农民社会关系的基础，掌控着人民的日常生活，如农民的社会交往和姻亲关系。"这其实是一种与正式家族关系相对应的新的家族社会形态，其内部关系的维系还是依靠传统的习俗得以控制和实现。此外，核心家庭和父母家庭毗邻而居，保留了代际互助的社会功能。"①

第三是宗族力量的变化。"三纲五常"在传统宗族文化中占据主导地位，奉行传统儒家文化的宗族文化在改革开放以后重新复活。中华人民共和国成立后对传统农业进行了社会主义改造，很多人认为传统的宗族思想会随着改造的深入及不断的演变而消失。事实上，直至改革开放前，宗族力量一直让位于"革命"。研究发现，改革开放后宗族文化在农村复苏，并且在多个方面起到关键作用，包括在乡村工业化过程中利用家族关系网络获取各种资源，宗族关系、业缘关系和正式组织关系混杂在一起共同服务于人民，宗族在某种程度上被赋予理性的色彩。

第四是农村劳动力外流的变化。大量劳动力流向城市，留守家庭的数量剧增，农村家庭的主体社会功能遭到破坏。这一社会现象有较多研究：一方面针对劳动力在城市中的生活状况的研究，包括农民工在城市的聚居方式、农民工的流动经历和城市生活体验对其现代性形成的作用等；另一方面对当今农村社会生活巨变的研究，包括农村空巢化、农村劳动力缺乏、留守人员、农村社会管理空洞化等问题的研究。

第五是农村社会分层的新变化。该研究成为当前国际社会学界的一个焦点问题，因为中国农业社会的变迁为农业经济变迁和社会分层研究提供了很好的研究范本，可用来考察巨大的经济社会层面下的阶层分化

---

① 刘援朝：《现阶段农村的家庭组织——十三泉村亲族关系的考察》，《社会学研究》1991年第 6 期。

与形成。事实上，主导传统中国农村社会的二元关系很明确，一方是来自社会底层的数目众多的贫苦农民，另一方是中国的士绅与官僚阶层。中华人民共和国成立后，中国士绅作为一个阶层消失了，国家通过强有力的农村行政管理体系来控制及调配农村大部分的资源，如1958年后在农业合作化及人民公社化运动中建立起来的政社合一的人民公社。在公社体系下，农村人口的分层常常是依据两个体系。首先是个人在农村生产组织中的地位。农村干部，包括大队干部、生产队干部甚至出纳等处于较为优势的地位，在农业生产活动中占主导地位，并且有权分配资源和获取更舒服、工分更高的工作机会。其次是身份体系。土地改革将农村人口划分为不同的身份体系加以识别：地主、富农、上中农、中农、下中农、贫农。这个分类同时也规定谁将获得优惠的待遇而谁将丧失先前的待遇，这是在国家政权体系下形成的分层干预。而地主与富农是差的身份识别，他们的待遇普遍很差，他们难以获取接受高等教育的机会和就业机会，甚至很难找到对象。改革开放以后，随着农村商品经济的不断发展，出现了数量庞大的包括个体户在内的小商品经营者，乡镇工业化催生了企业主阶层，农民企业家成为让人骄傲的荣誉称号，如江苏华西村吴仁宝、山东寿光王乐义等。陆学艺和张厚义将农村的社会阶层划分为农业劳动者、农民工、雇工、农民知识分子、个体劳动者和个体工商户、私营企业主、乡镇企业治理者、农村治理者八个阶层。[1] 其实这些阶层的划分是动态的，会随着国家的政策变化而发生相应的变化，但阶层划分的重要关注点在于利益的分配问题。在当前中国农村社会分层研究中，其着重点还是普通农民阶层的利益研究，不同地区不同发展模式的农村其未来的发展走向问题，以及在当前农村改革发展过程中如何让更多的人从中获益并实现农村社会的和谐发展等一系列问题。

（五）有关少数民族经济方面的研究

在20世纪80年代中国经济学的学科创新中，施正一提出"民族经济学"的概念，并在《民族经济学教程》一书中着重叙述了中国民族地区经济发展过程中所面临的主要问题。在我国东部沿海地区和西部少数

---

[1] 陆学艺、张厚义：《农民的分化问题及其对策》，《农业经济问题》1990年第1期。

民族聚集区之间，由于地域差别及基础设施发展的不平衡，长期存在着社会经济领域内先进与后滞的发展差距，潜藏着一定的社会不安定因素，缩小发展差距已经成为现阶段发展中所必须完成的历史性艰巨任务，并提出"加速发展战略方针"的西部大开发策略。[1] 刘永佶所著《中国少数民族经济学》在民族经济学的基础上明确中国少数民族经济发展的主张，并提出为促进少数民族经济发展而创建中国少数民族经济学，这其中的理论体系建构可以成为本书所研究的散居回族经济发展的指导思想。刘永佶认为："民族经济学"的研究，在明确经济的民族性前提下，以民族的经济发展与经济关系为对象，来探讨各民族劳动者自主经济发展的目的、方向、根据、条件和方式等。从承认民族的自主性来看，民族经济学是社会主义经济学系统中的必要环节，而资本主义经济学以发达资本主义国家居于统治地位的垄断资产阶级为主要研究对象，其经济学直接为世界经济学。经济是聚合民族成员，从而吸收新成员的必要条件，只有发展的经济才能成为民族形成和发展的基础，而经济的发展又取决于民族内生的动力和原因，即来自民族内部劳动者的社会地位素质技能之间的矛盾，这一民族经济的基本矛盾，表现为现实的民族内部的经济关系与矛盾，又扩展为民族间的经济关系与矛盾。少数民族族裔人口经济和少数民族地区经济的统一构成了少数民族的经济，中国少数民族经济学的研究，必须要明确并突出少数民族族裔人口经济的主体地位，而少数民族地区经济已成为该地区各族人口生产和发展的共同体。[2]

综上所述，研究少数民族经济，其核心应该包含：制度与体制、经济结构、各民族之间的关系、经济的运行体制和机制。探讨少数民族经济发展的成因，应该结合中国特色的少数民族制度，必须认识到民族区域自治及少数民族经济发展、民族文化与少数民族经济发展、促进少数民族经济现代化的政策支持。

（六）散杂居回族问题研究

从民族学的角度进行研究，关注回族的民族源流、文化传统、风俗

---

① 施正一：《民族经济学教程》，中央民族大学出版社 1997 年版。

② 刘永佶：《中国少数民族经济学》，中国经济出版社 2008 年版。

习惯、语言等方面的研究。比如胡振华教授的《中国回族》全面系统地梳理了中国不同省区的回族发展史①，马启成教授的《回族历史与文化暨民族学研究》是关于回族学、回族历史文化、中国伊斯兰文化、中国西部及宁夏地区研究、民族及宗教研究的多学科研究，涉及理论性概括、综合性阐述及问题性探讨②。民族出版社 2001 年出版的《中国散杂居民族工作丛书》，均涉及回族的经济社会研究，主要针对西北回族聚集地的研究，从社会学、民族学、人类学等视角研究民族关系，并从社会生活层面展开调查分析。杨文炯从历史人类学的角度对回族的形成加以分析，提出回族的形成过程是基于共享的"既定资赋"，即以 Ummah 为民族文化范式，在汉文化的宏观语境下，在与不同族群交往、对比以及国家认同与民族认同的互动和重构的综合作用下形成了民族。③

此外，也有研究散居回族的，如马寿千、赵宏庆的《当代回族经济掠影》，介绍全国各地回族脱贫致富的典型④；杨怀中教授的《回族经济研究》涵盖对中国不同地区回族聚集区的经济研究，包含回族经济变迁史和当前各个地区回族经济发展概况研究⑤。良警予教授的《牛街：一个城市回族社区的变迁》以北京牛街的实地调查及文献研究资料为基础，以国家与社会关系、文化变迁和城市社会空间理论为研究视角，探讨北京牛街这一中国典型城市回族社区的变迁历程。在叙述框架上，该书从清真寺为象征的社区民间权力和权威的形成与变迁历程、牛街回族的经济生活变迁等六个部分探讨了牛街回族社区的形成和变迁历程。⑥ 杨晓纯《散杂居回族经济与回汉民族关系研究》以山东省枣庄市台儿庄区回族为研究对象，凸显民族学田野调查的案例与实证方法以及对回族经济发展与回汉民族关系的研究。⑦ 宁夏大学回族研究中心主任马宗保教授的《回族聚居村镇调查研究——单家集卷》

---

① 胡振华：《中国回族》，宁夏人民出版社 1993 年版。
② 马启成：《回族历史与文化暨民族学研究》，中央民族大学出版社 2006 年版。
③ 杨文炯：《回族形成的历史人类学解读》，《民族研究》2006 年第 4 期。
④ 马寿千、赵宏庆：《当代回族经济掠影》，中央民族大学出版社 1997 年版。
⑤ 杨怀中：《回族经济研究》，宁夏人民出版社 2011 年版。
⑥ 良警予：《牛街：一个城市回族社区的变迁》，中央民族大学出版社 2006 年版。
⑦ 杨晓纯：《散杂居回族经济与回汉民族关系研究——以山东省枣庄市台儿庄区为例》，中央民族大学出版社 2011 年版。

通过微型社会学视角，运用田野调查方法，对单家集回族农民生活进行深入观察与研究，阐释一个村落共同体的兴衰与国家体制和区域性社会历史变动之间的关联性，展现以改革开放为核心的国家制度创新与民族优良传统之间的良性互动对乡村民族社区发展的推动作用。① 南开大学马伟华《生态移民与文化调适——西北回族地区吊庄移民的社会文化适应研究》，对西北吊庄回族移民在移民地的生产适应、生活适应、观念调适、宗教文化调适等方面进行论述，以移民的社会文化适应问题为切入点，探讨西北少数民族（回族）的文化变迁问题，并且阐释促使移民文化变迁的重要影响因素。②

　　对本书所关注的华北地区及山东省域内的回族聚落的研究成果也较为丰富。丁乐春就山东回族的分布状况、徙居、斗争史、1949 年以后山东回族的发展变化、风俗习惯与宗教信仰进行追溯，还原山东回族的迁徙与生存发展史脉络，是较早对山东回族历史进行专题研究的成果之一。③ 杨玲对元明以来的山东回族经济进行考察，揭示其既能够与汉族经济同步发展，又形成显著民族特征的历史过程。④ 杨湛山对新中国成立以来的山东回族教育进行分析，指出山东回族教育获得长足发展的经验是党和国家的支持、回族人民的自身努力、各级民委在具体运作中甘当配角争当主角。⑤ 王孟从历史记忆与族群关系角度出发，借助山东回族族谱，揭示山东回族在追溯自己族源上的虚虚实实、真真假假，但族源与伊斯兰教或西域人有关是不变的，其背后是他们利用"结构性的记忆与失忆"来维护族群的延续与认同。⑥ 范景鹏对山东回族历史及回族社区的形成、回族与伊斯兰教合一的寺坊制度、山东回族的宗教信仰、"附儒以行"的山东回族风俗习惯及文化传统进行深入研究，揭示山东回族文化

　　① 马宗保：《回族聚居村镇调查研究——单家集卷》，宁夏人民出版社 2008 年版。

　　② 马伟华：《生态移民与文化调适——西北回族地区吊庄移民的社会文化适应研究》，民族出版社 2011 年版。

　　③ 丁乐春：《山东回族的今昔》，《宁夏社会科学》1986 年第 4 期，第 16—21 页。

　　④ 杨玲：《历史上的山东回族经济》，《回族研究》1998 年第 3 期，第 43—46 页。

　　⑤ 杨湛山：《山东回族教育五十年来的发展与未来对策》，《回族研究》1999 年第 4 期，第 81—84 页。

　　⑥ 王孟：《山东回回穆斯林的历史记忆与族群认同——以山东回族族谱谱序为重点的考察》，硕士学位论文，上海师范大学，2012 年。

的"回儒文化结合"的特色。[①]

在区域研究方面，李彬以淄博市张店区为个案，分析回族在城市中的社会网络，并指出回族在城市中的社会网络源于回族传统文化的内聚力，且是这种传统的内聚力对现代化城市的一种适应。[②] 邢培华、雷凤芹、孙建华对近代山东聊城回族小集中、大分散的分布特征，回汉杂居与回民独居的特点，以山西移民、历史留居、回军将士留居为主的族源分布，回族人民的生产与文化教育等进行梳理。[③] 宋彤分析山东济宁回族家庭的日常交际网络，济宁回族家庭日常交往网络具有整体略小的网络规模、较高的亲缘比例、交往空间临近以及交往频度高的整体特点；济宁回族家庭日常交往网络作为一种网络和规范，既受济宁回族文化环境的潜在指引，又受济宁当地社会生存环境特征的强烈影响，日常交往网络实际上是在一定文化模式的影响下，回族家庭依其对所处日常生存环境的理解而做出的行为选择，它作为一种社会结构的表现形式发挥其特有的功能。[④] 刘太玲以山东青州回民为个案，从择偶方式、择偶范围、择偶标准等方面分析了近代以来回族婚姻观念从传统到现代的转变，从家庭本位到个人本位的转变，以及族际通婚所带来的问题。[⑤] 马佳也从回族溯源、经济生活、风俗习惯等角度论述青州回族文化变迁。[⑥] 周传斌从明代以来临沂回族的入迁、临沂回族文化教育状况、宗教信仰以及 20 世纪革命中临沂回族的贡献等角度分析山东临沂的回族历史发展与变迁。[⑦]

学界的上述研究，既有对农村社会变迁的理论研究，也有从农村经济政治发展与变迁——尤其是少数民族聚落地区的经济社会变迁方面的

---

① 范景鹏：《海岱河山　回儒交融——山东回族历史文化研究》，博士学位论文，兰州大学，2012 年。

② 李彬：《回族在城市中的社会网络——关于淄博市张店区的个案研究》，《宁夏社会科学》1993 年第 5 期，第 40—44 页。

③ 邢培华、雷凤芹、孙建华：《近代山东聊城回族概述》，《山东青年管理干部学院学报》2006 年第 3 期，第 137—139 页。

④ 宋彤：《济宁回族家庭日常交往网络研究》，硕士学位论文，西北民族大学，2009 年。

⑤ 刘太玲：《近代以来散杂居回族婚姻观念变迁研究——以山东青州东升社区为个案》，硕士学位论文，中南民族大学，2007 年。

⑥ 马佳：《山东青州回族文化变迁研究》，硕士学位论文，西北民族大学，2008 年。

⑦ 周传斌：《山东省临沂市的回族》，《宁夏社会科学》1998 年第 2 期，第 79—83 页。

调查研究；在研究方法上，既注重回族历史文化的宏观梳理，也注重微观层面的个案研究，综合运用民族学、人类学、社会学、历史学等多学科的研究视角与理论方法。这些成果为本书提供了坚实的理论支撑和实证研究基础。

第三节　概念的界定

一　散居少数民族

散居少数民族是指我国民族学与人类学中的一个特有概念，通常意义上是指零星分布且不实行民族区域自治的少数民族。① 从民族与族群的角度来看，可以将散居少数民族定义为选择以散居生活方式存在发展的少数民族族群。由此可归纳出其在理论上的两个特点：第一，散居少数民族是零星分布在汉族生活区域或其他少数民族生活区域内发展的少数族群；第二，散居少数民族只能是汉族以外的少数民族，55 个少数民族涵盖其中，并各具有自身的特色。从国家政策法规认定的角度来看，在1952 年颁布的《民族区域自治实施纲要》中规定，"各民族自治区的行政地位，即相当于乡（村）、区、县、专区或专区以上的行政地位，依照其人口多少以及区域大小而区分之"，从此开始确立聚居少数民族的概念。即 "无论是农村还是城市，只要是实行了民族区域自治的少数民族就是聚居少数民族"。而在 1954 年宪法颁布后，以及 1955 年 12 月国务院发布《关于更改相当于区的民族自治区的指示》《关于建立民族乡若干问题的指示》《关于改变地方民族民主联合政府的指示》，这三个指示对我国民族区域自治进行调整，即 "聚居少数民族仅指县和县以上实施民族区域自治的少数民族。反之县以下的不实行民族区域自治的少数民族就是散居少数民族"。张鲁镇属于回族民族乡镇，首先其直接管辖县为莘县，莘县不为少数民族聚居区，其次其位于山东省西北部，周围都是汉族聚集区，所以它属于散居少数民族聚集区。

---

① 陆平辉：《散居少数民族概念解析》，《西北民族大学学报》（哲学社会科学版）2011 年第 5 期，第 45—47 页。

二 农村社会变迁

在社会学中，社会变迁既泛指一切社会现象的变化，又特指社会结构的重大变化；既指社会变化的过程，又指社会变化的结果。"简单地说，社会变迁就是一切社会现象的变化。"① 富永健一认为："社会变迁与'社会'一词的广狭程度相互对应，需要把它区分为广义的社会变迁与狭义的社会变迁。与现代化相伴随的广义的社会变迁可以划分为经济现代化、政治现代化、社会现代化、文化现代化四个领域。经济现代化可以理解为产业化，政治现代化可以理解为民主化，社会现代化可以理解为自由与平等的实现，文化现代化则可以理解为合理主义的实现。随着现代化发生的狭义的社会变迁意味着面向现代化的社会结构变迁，它可以划分为家庭的现代化、村落与城市的现代化、组织的现代化、社会阶层的现代化、国家与国民社会的现代化五个领域。家庭的现代化可以理解为从家长制家庭到核心家庭的结构转变，村落与城市的现代化可以理解为农村度的降低以及城市度的上升，组织的现代化可以理解为组织从家庭以及亲族中分离出来，作为一个目的群体的纯度提高的过程，社会阶层的现代化可以理解为地位决定的业绩主义化、社会地位不平等程度的降低、社会流动机会的增大，国家与国民社会的现代化可以理解为起步于国民国家的统一，经过市民国家的形成之后，在发达水平更高的阶段实现福利国家化。"

"变迁是我们这个时代的核心问题之一"②，史蒂文·瓦戈指出，社会变迁可以被概念化为"社会现象中有计划的或无计划的、性质或数量上的改变过程"。③ 这个过程可以结合五个相互联系的成分来进行分析，具体说来就是变迁特征、变迁层面、持续时间、程度以及变迁速度。本书所使用的"变迁"一词，是在广义"社会变迁"意义上使用的。它包括生产力的变化、生产关系的变化、生产量的增长和生产质量的提高。社

---

① 奚从清、沈赓方：《社会学原理》（第四版），浙江大学出版社 2001 年版，第 309 页。
② ［美］史蒂文·瓦戈：《社会变迁》（第 5 版），王晓黎等译，北京大学出版社 2007 年版，第 3 页。
③ 同上书，第 8 页。

会经济的变化与发展是社会变迁的主要内容之一，对整个社会变迁起到决定性的影响。

具体到农村社会变迁，毫无疑问，"就历史变革的进程而言，中国乡村的结构性变革始于 20 世纪初。而且在整整一个世纪的发展进程中，乡村社会变迁始终是中国历史变迁的主体内容，这不仅因为在区位结构中乡村占据绝对的多数，而且因为乡村的生活模式和文化传统，从更深层次上代表了中国历史的传统。即使对于整个近代史而言，近代化或城市化进程，本质上也是乡村社会变迁的过程。"① 20 世纪以来的中国历史变迁，本质上就是一个从乡村到都市、从传统农耕文明向现代工业文明转变的过程，之所以如此，乃是因为"原来中国社会是以乡村为基础，并以乡村为主体的"。② 这一过程包含了由此带来的乡村政治、经济、文化、社会、生态环境、人的思想观念等的嬗变，以及与之相生相伴的乡村社会问题。如果将农村社会变迁置于 20 世纪以来中国历史变迁的宏观视野下，那么"一百多年的农村'社会变迁'是指在现代性的多元力量（民族国家的政权建设、城市化、现代人格与文化）冲击下，一个由农村治理情形、农业地位变化情况、农民身份的变迁、城乡关系演变、农村文化习俗、乡村基本生活单位的兴替等交相组合、演变所构成的农村社会的'问题表达束'"。③

第四节　研究方法

一　张鲁镇的案例价值

学界对民族村落的研究有很多，从费孝通的大瑶山研究到 1952 年的民族识别，乃至时至今日的众多民族村落社区研究等。当前中国的民族村落的研究主要涉及民族地区与汉族地区的发展差异、民族村落经济与社会的发展道路等一系列问题。选择张鲁镇作为研究对象是因为它作为

① 王先明：《中国近代乡村史研究及展望》，《近代史研究》2002 年第 2 期。
② 梁漱溟：《乡村建设理论》，上海世纪出版集团 2006 年版，第 10—11 页。
③ 杨列全：《中国现代化进程中的农村社会变迁特点及认识》，《南京工程学院学报》（社会科学版）2016 年第 1 期。

东部汉族聚集区的民族村落，具有较长的发展历史和文化背景，是山东省的两大民族村落之一。此外，张鲁镇汉族与当地回族和谐相处，民族经济发展较好，是中国典型散居少数民族的缩影。而对其中的农村工业化和农村产业化经济发展的路径之争、民族区域政治变迁及其途径之争、社会生活变迁过程中的传统与现代的和谐之争的研究也具有较强的理论价值和普遍意义，这些也即在本书后面章节中体现。

当前，以民族村落作为研究对象的作品已经屡见不鲜，但多数停留于个案的描述，缺乏个案探讨所体现出来的制度变量和农村变迁之间的关联，也较少将这种民族村落的研究放到当前中国农村经济社会转变的大背景中讨论。本书之所以以张鲁镇为个案，基于张鲁镇具有以下特点：

首先，从经济方面来看，当前张鲁镇的地方经济主要是以私营经济和合作社为主导的机制，结合新农村建设过程中多种经济共同发展的社会发展模式，尤其是回族屠宰业、民族饮食业等回族特色的民族经济产业，实现了经济的较快发展，人均收入得到较大的提高。这一机制彰显了私营经济、集体经济、民族经济的共同作用。

其次，从政治方面来看，张鲁镇体现了国家政策对农村管理的政治嵌入，但乡镇内部的民族、宗族力量仍对当地政治产生影响。以历史的视角呈现村落的政治变迁，体现国家、民族、宗族以及村民自治政策在其中的博弈。社会嵌入理论是新经济社会学领域的重要理论分支，"它从一种新的社会学视角——社会结构或社会网络的视角来研究经济行动和经济秩序"①。从国家政权向乡村社会嵌入来看，社会嵌入理论为分析国家政权建设中的国家与社会、组织与个人提供新的观察视角。

最后，从社会生活来看，张鲁镇呈现出现代文化的渗透和传统力量的顽强抵抗，随着外来文化的嵌入及新农村建设的深入，大多数农民搬入楼房新居，但仍然在节日礼仪、交往方式上保留着自身的特点。这有助于我们思考农村变迁过程中现代与传统的激烈碰撞和复杂调和。

---

① 易法敏、文晓巍：《新经济社会学中的嵌入理论研究评述》，《经济学动态》2009 年第8 期。

二 研究方法

关于中国农村研究方法论主要有两种观点。一种强调从中国农村的实际出发，从农村案例来了解农村的运作，由点到面，由类型到比较，研究方法多以民族志研究为主。如利用民族志的研究方法和扎根理论的方法，通过长期实地研究来构建适合于中国本土化的农村社会学的概念，做出假设，从而构建农村社会学的中国化理论。另一种认为西方社会研究方法在中国也是共通的，其可以作为媒介与手段对中国当前的农村社会现象进行研究，或者说可以套用其理论进行研究，即可以通过实地经验验证来回应社会科学基本理论假设和争论。两种方法一种是由实践到理论建构，而另一种是由经验理论到实践检验又进一步验证理论的过程。其实两者并不矛盾，因为研究本身就是一个持续的动态过程。本书更加倾向于前者，即用历时性的变迁研究来构建一种具有典型性的中国农村社会研究的理论和方法。

本书主要运用三种研究方法。

（一）文献研究法

即通过收集和分析现存的文字、数字、符号、图像等文献资料来探讨和分析各种社会行为、社会关系以及其他社会现象的研究方式。它包括二次分析方法、内容分析法及现存统计资料分析方法三种类型。本书主要通过现存统计资料分析法，包括地方志、回忆录及统计年鉴等在内的文献资料来分析当地的经济与社会变迁过程。

（二）实地研究法

本书主要采用实地研究的参与观察法和深度访谈法。参与观察法主要是根据访谈提纲或者访谈问题，本着明确的目的，进入研究对象中去，直接并有针对性地了解正在发生的和变化中的现象，是实地研究中最常用的方法之一。具体来说，就是笔者深入张鲁镇的实际日常生活中去，观察、了解和记录该社区人民的生活片段即经济与社会的各个方面，对周遭发生的事件进行不断的认识与思考，再通过"变迁"这一主线联系起来，从而形成对该地经济与社会变迁的完整深刻的认识。深度访谈法则是通过与被调查对象的深入的口头交谈方式，了解调查者的内心世界的想法、态度和行为。其主要作用是通过深入而细致的访谈，获得丰富的定性资料，并据此对资料进行整理与分析，从而概括和归纳出相关结论。

张鲁镇是笔者的家乡，可在实地研究过程中尽可能将"跳进去"与"跳出来"相结合。一方面，熟悉村民使用的各种语言，了解当地习惯与风俗，将自己定位为村民的一员，以切身体验与领悟当地发生的事件，即"跳进去"；另一方面，笔者本着"局外人"的视角进行客观的观察，对该镇的经济与社会活动进行梳理，对其背后的形成动力进行分析，即"跳出来"。

实地研究按照时间与深入程度分为三个阶段。

第一阶段：从2014年2月1日至28日。笔者在张鲁回族镇进行了试调研，在此期间，首先到张鲁镇政府及相关主管部门来了解情况，还与当地村民进行初次访谈，对宗教人士进行访谈。其次，到莘县县政府和县民族宗教局，了解张鲁镇回族经济与社会发展状况，以及政府的民族政策。此次试调研为本书框架的搭建、调查提纲的完成以及问卷的设计做好铺垫工作。

第二阶段：从2014年7月1日至8月30日，正式进入张鲁镇开展田野调查，一方面，对回族日常清真寺的宗教仪式、回族饮食生产企业的生产与经营、回族的婚礼和葬礼等方面进行观察或体验。另一方面，对阿訇、当地农户、私营手工业主、私营企业主、村干部、文化教育工作者等相关人员进行录音访谈，并整理出约五万字的访谈日志。最后，按照历史发展的不同阶段将访谈日志进行梳理和划分。

第三阶段：从2015年2月1日至15日，补充调研，针对写作中遇到的一些问题，如回族经济与汉族经济的比较，回族经济发展对当地经济的拉动力，家庭、宗教、教育等因素对当地经济社会发展的深层次影响等问题，再次进行调研。

（三）调查研究法

调查研究法是一种定量研究方法，主要侧重对事物的测量和计算的方法。其中问卷调查法，即通过问卷的形式对当地经济与社会变迁进行调查，主要内容包括收入来源、生产方式、衣食住行等方面，笔者共发放调查问卷300份，回收有效问卷280份。问卷的发放方式主要是按照随机抽样的原则发放问卷，符合社会学调查的要求。

在调查问卷的基础上，通过 SPSS 对所收集的数据进行描述统计分析。考虑到当地的现实状况，诸如人口流动及地理环境等因素，笔者并没有严格按照随机抽样的方法来抽取样本，所以没有进行总体推论。而是通过实地调查得到的资料，通过定性研究方法中的举例说明法，即通过经验性的研究来提出相关的假设，并根据前人的研究理论来建构新的理论观点。

第五节　理论视角及可能的创新

一　理论视角

（一）"中华民族多元一体格局"理论视角

1988 年，费孝通先生提出"中华民族多元一体格局"理论，该理论是解释中华民族的形成及其内在结构的最重要理论。"中华民族多元一体格局"理论认为，"中华民族是包括中国境内 56 个民族的民族实体，并不是把 56 个民族加在一起的总称，因为这些加在一起的 56 个民族已结合成相互依存的、统一而不能分割的整体，在这个民族实体里所有归属的成分都已具有高一层次的民族认同意识，即共休戚、共存亡、共荣辱、共命运的感情和道义。这个论点后我引申为民族认同意识的多层次论"。① 形成多元一体格局有一个从分散的多元结合成一体的过程，在这一过程中必须有一个起凝聚作用的核心。汉族就是多元基层中的一元，但它发挥凝聚作用把多元结合成一体。高层次的认同并不一定取代或排斥低层次的认同，不同层次可以并存不悖，甚至在不同层次的认同基础上发展原有的特点，形成多语言、多文化的整体。

费孝通将"中华民族多元一体格局"理论总结为六个特点。② 第一，这个多元一体格局有一个凝聚的核心，就是华夏族团和后来的汉族，汉人在少数民族地区"形成一个点线结合、东密西疏的网络，这个网络正

① 费孝通：《简述我的民族研究经历和思考》，《六上瑶山》，群言出版社 2015 年版，第 305 页。

② 参见李培林、李强、马戎主编《社会学与中国社会》，社会科学文献出版社 2008 年版，第 313—314 页。

是多元一体格局的骨架"。第二,相当部分的少数民族从事畜牧业,汉族以农业为主,形成了内容不同但相互补充的经济类型。第三,汉语已逐步成为通用语言。第四,汉族的农业经济是形成汉族凝聚力的主要来源。第五,各民族之间在人口规模上悬殊。第六,中华民族成为一体是一个逐步发展的过程,先有个地区的初级的统一体,又形成北牧、南农两大统一体,最后以汉族为核心汇成一个"大一统"的格局。

"中华民族多元一体理论"有助于我们了解当前中国民族现状与民族政策,也有助于我们理解散居回族经济与社会发展的过程与规律。

(二)结构功能主义理论视角

结构功能主义理论认为,社会是具有一定结构或组织化手段的系统,社会的各个组成部分以有序的方式相互关联,并对社会整体发挥着必要的功能。整体是以平衡的状态存在着的,任何部分的变化都会趋于新的平衡。其代表人物主要有美国社会学家塔尔科特·帕森斯(Talcott Parsons)和罗伯特金默顿(Robert King Merton)。

塔尔科特·帕森斯在20世纪40年代提出结构功能主义。他认为社会系统是行动系统的四个子系统之一,此外还包括行为有机体系统、人格系统和文化系统。在社会系统中,行动者之间的关系结构形成社会系统的基本结构。社会系统为了保证自身的维持和存在,必须满足四种功能条件:适应性功能、目标达成功能、整合功能和模式维系功能。在社会系统中,执行这四种功能的子系统分别为经济系统、政治系统、社会共同体系统和文化模式托管系统。

笔者从经济功能、村落民族社会文化功能、村落权力政治功能、宗教功能、民族关系功能等方面出发,收集相关资料,进而分析张鲁镇回族社会各子系统如何相互作用及其功能,来衡量各个指标在维系社会整体发展方面所发挥的作用。

(三)文化变迁理论视角

文化变迁是指族群(民族)社会内部的发展或不同族群(民族)之间的接触而引起的一个族群文化的改变。在社会变迁中,各民族只有通过不断对话和互动,才能最终共同构建多民族共存共融的多元一体格局。文化变迁一直是民族学与人类学领域的研究主题。主要表现在两个方面,一方面是各个时期的相关学者均积极从事文化变迁的研究。如博厄斯强调每个民族的历史和文化的特殊性，认为这种特殊性既取决于社会的内部发展，又取决于外部的影响，从而影响文化的变迁；阿尔弗雷德拉德克利夫－布朗（Alfred Radcliffe-Brown）论述了文化接触产生的相互作用，认为研究文化变迁的过程，共时性研究优于历时性研究，但同时需要历时性研究，才能发现文化变迁的规律；马林诺夫斯基（Malinowski）的《文化变迁的动力》对文化变迁做了具体的论述；赫斯科维茨（Herskovits）等从 20 世纪 30 年代开始便把文化变迁作为专门的研究课题，并着重研究印第安人与白人文化接触而引起的变迁；英国人类学家着重研究殖民地土著居民与白人文化接触而引起的变迁。第二次世界大战以后，第三世界国家和民族的发展问题引起更多学者的关注，时至今日，文化变迁研究仍然是民族学与人类学研究的热门课题。另一方面，几乎每个学派都有关于文化变迁的理论及观点。如早期的进化学派通过文化进化理论来说明文化发展的普遍性，认为文化普遍从低级到高级、从简单到复杂而发展进化，并形成一个发展顺序；传播学派侧重于文化的地理、空间和地方性变异，着重研究文化的横向散布，认为文化的变迁过程是传播过程，文化主要在传播过程中发生变迁；功能学派在着重研究社会文化的功能、结构的同时，也注意研究在调查中所发现的文化变迁。

本书综合运用以上三种理论方法，通过历时性的社会文化变迁研究，联系结构功能主义的理论方法，在"中华民族多元一体格局"的大框架下，试图探寻散杂居回族聚集区的经济与社会发展规律，并寻找其未来的可能发展轨迹。同时，本书采用横向研究与纵向研究相结合的方式，横向研究更多体现在结构功能主义的理论分析与资料收集，如经济、政治、文化、社会、生态五个方面的模块研究；纵向研究则更多体现在对文化变迁进程的历时性梳理。以上两种方式均放到"中华民族多元一体格局"的背景中进行综合汇通和运用。

二 可能的创新

本书研究聚焦于山东西北部一个典型回族聚集区的经济与社会生活的变迁。在进行社区研究的同时，通过多个维度量化当地的发展，并寻找当地的发展模式以及背后的支撑力。本研究可能的创新点主要包括以下三个方面。

（1）研究对象的选取。张鲁镇作为为数不多的华东散杂居回族村落，具有较高的样本代表性，但目前该镇缺乏前人的系统研究。由于当地回族经济发展水平高于周围汉族社区，案例研究有利于了解与推广其经济发展模式，从而带动周边农村经济发展。

（2）研究内容的拓展。张鲁镇作为散杂居回族社区在民族形成、自然环境、民族语言、社会环境、文化交流等诸多方面与一般回族社区有重大差异，其特色十分鲜明，具有独特的研究价值。这就决定了本研究内容具有拓展性，不是回族社区研究的简单复制和无谓重复。相关领域学者对于散杂居回族的研究多为分散式与专题式，如民族语言、民族经济、民族教育等，尚未形成综合性与整体性的研究成果，笔者尝试作出相应的努力。

（3）研究意义的深远。当地民族关系较为融洽，剖析其中"民族交融"的原因，具有较强的现实意义。以张鲁镇的个案来探寻稳定和谐的民族关系的渊源及形成，对构建和谐社会、全面建成小康社会、实现中华民族伟大复兴的中国梦具有重要的现实意义。

三　主要内容

民族问题是国家政治生活中的重要问题，中国是一个多民族共生的国家，如何处理好改革发展新形势下的民族关系与多民族共同发展，是当前国家面临的紧迫问题。随着国家经济社会的不断发展，也彰显出一些问题，比如东西部发展差距、汉族聚集区与少数民族聚集区的发展差距等，我们只有推行有助于解决问题的政策与办法，努力发展经济，加强各民族之间的互联互通，破除不同民族之间的经济发展差异，才能确保民族问题的解决以及国家的长治久安。

"读史可以知兴替，读史可以明鉴。"了解历史可以把握民族地区的发展过程，而研究这种发展的内在和外在原因，则可以摸准脉络找准事物发展的根源。费孝通先生通过功能主义微型社会学的研究方法写成《江村经济》，开创了中国社会学以微观社区研究为开端、逐步以点到面，从而对中国社会进行全面了解和深入研究的先河。本书则选取东部汉族聚集区中的一个少数民族村镇，以社会学微观社区的研究方法，结合社会人类学的口述史研究及历史学的文献研究，使得社区研究更具有时间发展的观念，从而完善并发展费孝通的历史功能主义社区研究的成果。

第 二 章

山东回族"大杂居、小聚居"的格局

山东是我国的少数民族散杂居省份。截至 2015 年 3 月，山东少数民族常住人口 72 万人，占全省人口总数的 0.75%；其中回族人口 54 万人，占全省少数民族人口的 75%。[①] 自唐宋时期以来，回族人民即陆续前来，与汉族人民共处于齐鲁大地，形成山东回族"大杂居、小聚居"的基本格局。

第一节 山东回族

在元朝以前，山东大地就有穆斯林人活动的痕迹。"徙居山东的回族，历史悠久。他们多系元朝从西域东来的'回部人'。"[②] 但当时他们还不是真正的民族，山东回族作为一个民族群体在元朝开始形成，并一直持续到明初，这一时期进入山东境内的回回人，主要包括永乐大移民时期迁入的回回人、洪武大移民时期迁入的回回人、元朝迁入的回回军士等。

元朝是中国回族形成的重要时期，在蒙古军队的三次西征中，从中亚迁入大量的回回军士到中国参加蒙古统一中国的战争，中亚大量的穆斯林进入中国。正如《世界征服者史》一书所记载："许多真主的信徒已朝那边迈步，抵达极遥远的东方国家，定居下来……安家落户。"[③] 在元

---

① 《山东民族概况》，http://www.sdmw.gov.cn/channels/ch00226/。
② 丁乐春：《山东回族的今昔》，《宁夏社会科学》1986 年第 4 期，第 16 页。
③ ［伊朗］志费尼：《世界征服者史》，何高泽译，内蒙古人民出版社 1980 年版，第 12 页。

朝回回属于色目人，为仅次于蒙古人的二等族群，是统治者极为仰仗的上层阶级。

元代回回人在山东聚居的地方主要是青州、济南、德州、济宁等地。山东青州自古为兵家必争之地，元朝实行行省制度，建立中书省，其直辖区被称为"腹里"，山东直属中书省管辖，青州位于作为元朝重镇的益都路，政府机构和官员中有大量的回回和畏吾尔人，从元朝初年至元末灭亡，经数代繁衍，青州成为重要的回回聚集区。城中的真教寺始建于元朝大德六年（1302），为元朝丞相伯颜后裔所建，青州真教寺和杭州、定州真教寺在当时被称为全国三大真教寺。回回军士在这个时期也大规模迁入，中统四年（1263），在益都设群牧所，牧场中的牧马人多为钦察穆斯林，群牧所在益都存在了45年，至大元年（1308）"罢益都诸路，随地入社"，回回军士取得了编民资格，与蒙汉族女子通婚。济南也是元代回回活动的重点区域，元代中叶，济南西关作为典型回族聚集区基本成型，其辖区党家庄在元朝也有回回人居住，党西村礼拜寺原有一方元代碑刻，记录元代党家庄清真寺的情况和庄内回回的情况。随着元朝重修京杭运河，在运河沿岸经商的回回人也逐渐增多。至元二十六年（1289）正月，元世祖采纳寿张县尹韩仲辉、太史院令边源的建议，征调民工三万，贯通河道，由寿张西北至东昌（今聊城东昌府区），又至西北到临清（今山东临清），到至元二十九年（1292），运河开通，被命名为会通河。运河山东段北边的德州亦为兵家必争之地，为京津门户，回回兵驻守陵州仓（今德州市德城区运河西岸），这也是德州最早的回族先人。禹城韩家寨曾发现史料记载，"禹城韩氏，居于韩家寨，来自西域，信奉回教"。韩家寨世世代代口传是至正九年（1349）由青海循化地区移民至此，根据《禹城回族志》记载："吾韩氏自元顺帝九年（1349）由青海循化地区移民而来，初迁始祖信奉伊斯兰教。"根据村中老人保存的《韩门宗谱》记载："始祖西地萨拉人氏"，韩家寨的村名与当年的军队屯守有关，蒙古军队西征时期，有支军队叫"撒尔特"，军中多为穆斯林编入，最后驻扎在青海循化一带，由此可以看出韩家寨和青海循化地区的撒拉族有着十分密切的联系。① 元朝在济宁驻扎有 3000 人左右的波斯人和色目人官兵，这些中亚官兵和家属是济宁回族聚集区的主要成分。

　　明朝初年是山东回回形成的关键时期，有大量的回回迁徙至山东定居，大体形成目前山东回族的聚集形式。明朝回族的形成和明初的洪武、永乐移民有很大的关系。经过元末明初的战乱，山东地区人口大量减少，由于山东西部是主战场，于是政府把山西人口集中到洪洞县并强制迁往山东、河南、河北等地。山东莘县朝城《蔡氏族谱》记载："世祖由山西洪洞县迁居朝城张鲁，历经传数代，后由张鲁分居与朝城、宋海、桃园等地，以耕种为业。"临清庆余堂回族马氏，"世祖本山西洪洞人，自吾始讳世泰族宦游山西洪武迁丁。"明成祖朱棣登基后，南京大量军士包括回回士兵随军北上，驻防山东等地。根据山东阳信威武庄《杨氏宗谱》记载："世祖原籍金陵水西门外玉林岗居住久远，明永乐年间迁居幽州，后迁居山东临邑田家，后又迁居济南、聊城等等地不计其数也。"后因京杭大运河的修通，使得德州、聊城、济宁、临清、台儿庄等沿岸城市成为水路交通要道，回民擅长经商，所以很多回民来到山东运河沿岸居住经商，比如聊城的米食街回族聚集区就在运河沿岸，临清的鳌头矶附近、德州的桥口附近也都是回族聚居较为集中的地方，建有大小礼拜寺。比如居住在德州北营的回回，就是来自南洋穆斯林苏禄人的后代。② 明朝永乐年间，明成祖为了加强与海外各国的交流，曾先后七次派遣郑和下西洋，其中永乐三年到永乐十五年（1405—1417），派遣使节前往菲律宾诸国，到永乐十五年（1417），菲律宾苏禄国第二任苏丹东王巴图葛巴达喇仰慕大明朝，带领西王麻哈喇叱葛喇嘛丁、峒王七叭都葛叭勒普等群属三百余人，经福建泉州口岸到应天府并沿着运河北上北京，受到明成祖朱棣的热情招待，举办了国宴，登上了长城，此次访问是明朝接待的阵容十分庞大的外国使团之一。在返程过程中，行至德州北部的安陵境内（今河北省景县安陵乡），东王因病不幸辞世，根据《明太宗实录》记载：

　　① 转引自范景鹏《山东的撒拉尔人——山东禹城韩家寨历史研究》，《青海社会科学》2012 年第 2 期。

　　② 许宪隆：《德州北营回民历史的考察——苏禄东王后裔在中国》，《宁夏社会科学》1990 年第 4 期，第 73—78 页。

"九月乙丑，苏禄国东王归次德州，病卒。"明成祖朱棣以王礼葬之于德州北郊。长子汇同西、峒二王回国继承王位，王妃葛木宁及温、安二子留下守灵。有《德州乡土志》记载："温、安二姓为苏禄国王之后裔，明永乐年间，王巴图葛巴达喇来朝见，卒于德州，随葬焉。"东王的后人逐渐与周围的回族人通婚，宗族绵延，以东王墓为中心逐渐形成一个苏禄人和中国回族血统相融合的村落，这就是德州北营村的由来。

从元朝开始形成，到明初逐渐聚居于济南、齐河、禹城、青州、临清、德州及菏泽等地，明朝中后期回回的大规模迁徙逐步在山东境内停止。从明朝末期到清朝初期，山东回族开始了第二次迁徙，主要是向山东内部及其他地方迁徙，如向东北地区迁移的"闯关东"。第二次迁徙基本奠定了山东回族"大杂居、小聚居"的基本格局。

第二节　张鲁回族族源探析

追溯聊城回族的族源，大致有以下四种：山西移民、历史留居、回族将士留居、运河开通后来此经商定居。① 张鲁地处山东省聊城市莘县，属于冀鲁豫三省交界地区，是聊城市唯一的回族镇，是聊城市回族居住较为集中的典型乡镇，也是山东为数不多的 4 个少数民族乡镇之一，其回族的族源也不外以上几种类型。

张鲁回族最早的记载始于元代，张鲁清真南寺始建于元代，最早是回回驻兵，后来到明朝洪武年间，许多外来回民来此定居。据相关史料记载，张鲁回族的先祖多来自山西洪洞县。以张鲁马氏宗族为例，其多数来源于山东郓城马家楼。根据郓城《马氏宗谱》记载："予始祖世居山西洪洞县，字太保，明初御前侍卫，盖西洋教中人也。因永乐迁民移居山东郓邑南，距城十里小堤城，后改村名王家营。传至五世，人丁繁浩，不幸遭夷族之祸，四方分逃。后逃至山东张鲁、朝城地区。"

山东早期回族迁入时一个聚集地多以一个姓氏为主，而后期聚集地多以多个姓氏为主。张鲁有马、蔡、何、黑、沙、杨等多个姓氏，张鲁

---

① 邢培华、雷凤芹、孙建华：《近代山东聊城回族概述》，《山东省青年管理干部学院学报》2006 年第 2 期。

是在山东省内二次迁徙时形成的回民聚居区，由于地处三省交界地区，交通较为便利，所以自洪武年间即有大量回民前来定居。山东临清县寨村《李氏族谱》记载："（洪武）二十二年九月，后军都督朱荣奏：'山西贫民徙居大名（今属河北邯郸）、广平（治所在今河北永年县东南）、东昌（今山东聊城）三府者，凡给田二万六千零七十二顷。'"随着洪武大迁徙的开始，从山西洪洞县大槐树处向山东各地移民，山东部分回民的先祖便夹杂其中，远迁而来。"靖难之役"期间，山东聊城地区为"靖难之役"的主战场，临清县寨村《李氏族谱》记载："盖燕王靖难兵起，在建文时南北构兵，南兵大军追袭，则南兵自南而北，北兵胜大军犯阙则自北而南，想尔时，或杀，或刮，或逃，东西六七百里，南北近千里，几为丘墟焉。"战争造成的破坏及人口剧减，需要更多的移民加以填充，各地的移民纷纷迁往此地。

除了洪武年间的移民，张鲁的部分回民先祖还有通过水路经商来到临清和冠县，再来到张鲁定居的。元代以后京杭运河的疏浚及延伸，使之成为沟通南北的水路经济命脉，运河沿岸的商贸往来日渐频繁，带动了运河沿岸城镇的勃兴和商业的发达，聊城、临清等成为鲁西北地区经济贸易的中心，带动具有经商传统的回族人到此经商、居住，如临清马氏、高唐北关唐氏、张秋马氏等家族均是因经商而来自定居。笔者在张鲁访谈时遇到的蔡姓老先生，其先祖也是通过京杭运河来到临清经商，后来到张鲁定居的。

民国以前，张鲁属于朝城县域。据清末编纂的《朝城县乡土志》记载，朝城县全县共 17 里，552 个村庄，26000 余户，人口 115000 余口。回族是朝城县除汉族外的唯一少数民族，"本境汉户外，只有回民"，"本境之回人多聚居城内北街关厢与城西北四十五里之张鲁集，他村亦有之，皆零星小户"①。从表 2-1 清末朝城县境内回民分布可以看出，张鲁是朝城县回族人口分布最集中的地方，约占朝城回民人口总数的 57%。抗日战争后期，张鲁划归莘朝县第四区，后又归元朝县第七区，1949 年 9 月，元朝县建制撤销，张鲁属于莘县第九区。1949 年后直至今日，张鲁先后

---

① （清）吴士基等纂修：《朝城县乡土志》，（台湾）成文出版社影印本 1968 年版，第 43—46 页。

经历张鲁区、张鲁人民公社、张鲁镇、张鲁回族镇等不同行政区划。下一章将对此进行详细述描。

表 2-1   清末朝城县境内回民分布

聚居地	户数（户）	人数	聚居地	户数（户）	人数
朝城县北街	112	230 余口	朝城县西街	57	80 余口
朝城县北门外	2	2 口	宋海	2	89 口
陈庄	2	45 口	陈堂	2	10 余口
马厂	5	89 口	谢集	10	20 余口
桃园	8	20 余口	八里铺	5	20 余口
栗海	25	30 余口	谢炉	5	10 余口
石庄	3	34 口	张鲁	665	900 余口

资料来源：（清）吴士基等纂修：《朝城县乡土志》，（台湾）成文出版社影印本 1968 年版，第 44—46 页。

总而言之，自唐宋时期以来，回族先民即以经商、屯垦、移民等不同渠道前来齐鲁大地，历经千百余年，回族人民在山东与其他族群共生共存，以其顽强的生命力，创造了山东回族传承演变的奋斗历史。张鲁镇作为山东回民聚居的典型乡镇，是回族聚居的鲁西名镇，但相对于中国回族而言，又是中国东部的散杂居的回族乡镇，故而非常切合本书的研究主题。

第 三 章

张鲁：一个回族聚居区的历史与现状

张鲁地名的来历，早在唐代，当地就有一村，张姓和卢姓的人在此居住，故得名张卢。明朝初年，蔡、马、杨、李、何、左、苑、沙、武、王、张、宁等回汉民众相继迁此定居，形成一个较大的村庄，后卢姓迁出，逐渐将村名谐音改为"张鲁"，到现在张鲁回族人民多居住于张鲁五街（张鲁北街、张鲁西街、张鲁东街、张鲁中街、张鲁南街）、南沈庄、韩庄此七个村落，其中张鲁东街、张鲁南街、张鲁中街、张鲁北街为纯回民村，张鲁西街为回汉杂居。本章对张鲁回族镇的地理环境、人地关系、耕作制度、亲属关系、光荣历史进行描述。

笔者出生后满一周岁就被父母送到张鲁镇祖父母家，父母则一个去内蒙古、一个去上海读研究生。笔者年幼也无太多的对父母的不舍和依恋，印象最深的是祖父家中的竹林和门边的小河及河边小河上祖母回望笔者的亲切眼神。由于幼小顽皮，笔者在邻居家的小板凳上来回摇摆，小凳后翻，正好倒在了猫窝旁，挨着的老猫护小猫心切，上来照着我的眼角就是一爪子，从此眉宇间留下终生的印记。

由于笔者曾在莘县其他乡镇做过村官，与县政府办公室领导熟识，因此被介绍到张鲁镇政府，政府办的工作人员正好去镇政府检查秋收的落实情况，顺便捎笔者到镇政府。镇党委王书记和马镇长对笔者的身份颇感兴趣，同时也是出于对知识分子的尊重，书记同镇长很快就拍板决定让一位管区书记带笔者进村。管区书记十分年轻，但已是管理十个村的书记，管区书记是镇政府与农民之间的桥梁，很多行政命令与国家政策的下达和督办都是通过管区书记执行的。管区书记带着笔者前往村中与村委会主任座谈，其实碍于管区书记的身份，村委会主任多谈到村中的发展成绩，而面临的矛盾和困难则一带而过。所以驻村后，笔者通过个人的努力，以"他者"的身份和眼光来阐释这个具有典型性的汉语文化情境包围的回族村镇及其中的农民生活变迁。

第一节　地理环境

莘县位于山东省西部，冀鲁豫三省交界处，位于北纬 35°48′—36°25′、东经 115°20′—115°43′，全境南北长 68 千米，东西宽 32 千米。莘县处于古燕山运动太行山隆起东部下沉区，300 米以上地质构造为第四季沉淀物覆盖，历史上多次由于黄河决口、改道和泛滥等影响，泥沙堆积，形成了高中有洼、洼中有岗的地貌，地势平坦、土层深厚。地势西南高、东北低。①

张鲁位于莘县西部，镇政府驻地为张鲁村，距离县城 10 千米。东与燕塔街道相连，西与河北大名县交界，南与董杜庄镇、俎店乡相连，北与燕店镇、大王寨乡接壤。张鲁回族镇是山东省四个少数民族乡镇之一，是聊城市唯一的回族镇。中华人民共和国成立初期隶属于莘县，1955 年称为张鲁区。1958 年改区为张鲁公社，划归范县后又改为张鲁区。1961 年复归莘县，1971 年 3 月撤区建张鲁公社。1984 年撤公社建镇，西半部为张鲁镇，东半部成立刘庄乡。1987 年 3 月，改称张鲁回族镇。2001 年，撤销刘庄乡，其辖区并入张鲁回族镇。2010 年，全镇共有 51 个行政村，总面积 82.76 平方千米，耕地 72930 亩，人口 56103 人，其中回族人口6500 人，占全镇人口总数的 12%。省级公路临（临清）观（观城）路从境内南北向穿过，长 7.5 千米。

张鲁镇地形以缓平坡地为主，主要为沙质黏土。马颊河从东北向西南贯穿张鲁全境。相较于莘县北部的原来黄泛区的盐碱地及南部地区的地势较高的洼地来说，张鲁的土地在县区境内算是较为肥沃的。平缓而较为肥沃的土地，意味着当地农业经济发展是有一定基础的。张鲁沿袭了"一年两熟"的耕作制度，粮食作物主要有小麦、玉米、大豆、谷子等，经济作物主要有花生、蔬菜、棉花等。

---

① 莘县志鉴编撰委员会编：《莘县志》，方志出版社 2013 年版，第 25—29 页。

唐代开凿的马颊河水系从东北向西南流经全域。马颊河源于河南濮阳市金堤闸，经过河南省清丰县、南乐县，入河北省大名县境内，至冢北沟入口处进入莘县。莘县境内长31.5千米，沿途经过吴堤口、新索庄、潘海、张湖涯四个村，在镇内设有一个储水闸。

张鲁镇属于暖温带季风气候区，具有显著的季节变化和季风气候特征，属于半干旱大陆性气候，四季的基本特点为：春旱多风，夏热多雨，晚秋易旱，冬季干寒。1988年后受全球气候变暖趋势的影响，气温明显提升，降水明显减少，极端天气比较常见。其中1988年至2010年的年平均气温为13.4摄氏度。极端最低气温出现在1990年，为零下20摄氏度，极端最高气温出现在2009年，为41.8摄氏度。正是这种温带的气候特质，决定了这里以旱地作物为主。

自20世纪90年代以来，随着农业产业化结构调整，当地大力发展大棚蔬菜、瓜果及林木业等多种产业。便利的交通，推动了乡镇企业的发展，也带动了物流业的兴起。

张鲁镇是聊城市唯一的回族镇，回族人口5600多人，占该镇总人口的12%。张鲁村有三座清真寺：南寺、北寺和女寺。清真南寺是张鲁回族礼拜活动的主要场所，始建于元代，明永乐三年（1405）和嘉靖年间（1522—1566）曾两次修复，清道光十四年（1834）重修。该寺位居村中心，坐东面西，有西门和南便门：西门为正门，塔楼式纯砖石结构，故称"无梁殿"；南便门为月亮门。寺院内有礼拜殿、南讲堂、东对厅及沐浴室。礼拜殿基高1米，阔5间，能容纳1000多人做礼拜。清真北寺坐落在张鲁北街，建于清乾隆年间，占地约1.5亩，礼拜殿3间，整个寺院布局与南寺基本相同，20世纪50年代该寺被拆除。清真女寺建于村落中心，与南寺东西相望，为女性穆斯林民众沐浴礼拜的场所，20世纪60年代该寺被拆除。抗日战争时期，张鲁回民爱国爱教，积极投身抗日救国斗争，张鲁回民抗日救国会就设在南寺内，还经常在清真寺礼拜殿地板下为回民支队掩藏武器和粮食。著名民族英雄马本斋曾在此带领汉、回民族开展抗日救国武装斗争。1942年，马本斋司令员率回民支队由冀南转战鲁西北，来到张鲁一带，配合当地抗日武装东征西讨，打得敌人闻风丧胆，为巩固冀鲁豫抗日根据地做出了重要贡献。1944年，马本斋病逝，其遗体安葬在被他称为第二故乡的莘县张鲁。

第二节　人地关系与耕作制度

中国的农村问题离不开土地问题，协调人地关系是解决中国农村问题的重点。笔者将张鲁镇 1987 年与 2010 年的人口、耕地面积进行对比，详见表 3 - 1 所示。

表 3 -1　　　　　　　张鲁镇的人地状况（1987 年和 2010 年）

年份	1987	2010
总人口（人）	22252	56103
男性（人）	11444	28706
女性（人）	10808	27397
回族人口（人）	4360	6500
耕地面积（亩）	50573	72930

资料来源：莘县档案馆《县情详述》，莘县档案馆藏，内部资料。[1]

由表 3 -1 可以看出，在人口变迁方面，从 1987 年至 2010 年，张鲁镇的总人口数量增长了 2.52 倍，男女性别比为 1.05∶1 总体持平；回族人口增长率远低于总人口增长率。在耕地面积方面，张鲁镇耕地面积增长幅度较为明显，由 1987 年的 50573 亩扩展到 72930 亩，共增长 22357 亩，但从人均占有土地量来看，由 1987 年的 2.3 亩下降到 1.3 亩，由此得出结论：张鲁镇的人口增长率高于耕地开发率；回族的人口增长率低于全镇人口增长率。

张鲁镇的耕种制度在 1949 年前后有较大的差别，其演变大致可以划分为 6 个阶段。第一阶段为 1949 年前。农业旱作多灾，秋不保收，一般情况下一年种一季春庄稼，或小麦、棉花、花生，或高粱、地瓜和玉米。一年只种一季小麦，麦收后留茬晒地，或春种高粱、地瓜，冬季休眠。

---

[1]　此数据为笔者于 2014 年 9 月在莘县档案馆根据其馆藏材料《县情详述》中的文字资料整理。

第二阶段为中华人民共和国成立初期。还普遍存在一年一作现象，直到60年代后才逐步消失。第三阶段为中华人民共和国成立后初期。粮食作物大面积实行两年三作制，夏收小麦和晚秋粮食、旱季粮食3次收成，一般是第一年种春谷子或玉米、高粱，秋收后种早茬小麦，第二年麦收后再种夏播作物，冬天养地。第四阶段为20世纪70年代。基本上被一年两作所代替，即以小麦为主，隔年连作，麦收后接种玉米或地瓜、大豆，秋收后种晚茬麦，其中玉米占到秋粮种植面积的70%左右。第五阶段为20世纪80年代。为解决粮棉争地矛盾，实行夏棉两熟、隔年调茬，实现了两年三收，第一年种春棉，秋收后抢种晚茬麦，第二年麦收后再接着种植夏播作物。第六阶段为20世纪90年代至今，兴起了一年多作，主要为经济作物的种植，以蔬菜种植为主，随着地膜覆盖、塑料大棚等技术的出现，蔬菜生产打破季节限制，比如早春菜、小白菜、小油菜等实现一年多作，春夏菜包含黄瓜、西红柿、青椒、茄子等，秋菜有大白菜、芹菜、卷心菜等，而过冬菜有芹菜、菠菜、韭黄、蒜苗等。

第三节　亲属关系

亲属关系对乡村的社会关系及其结构、村落共同体的行动和发展均产生重要的影响。反过来，后者对前者也产生巨大的影响，两者相辅相成。人类学认为，"亲属关系是人类文化的一种创造，它并不简单地对应于生物学意义上的遗传关系。汉语'亲属'指因婚姻、血缘与收养而产生的人们之间的关系，又分为血亲、姻亲和配偶"。[①]

单以张鲁镇五个街区的回族社区为例，存在着以姓氏关系及姻亲关系为主的血亲关系体系。其内部以马、蔡、李、何、左、武姓氏为主。马姓是大姓，人口数量居多，当地有"马家院"的地名，在此地居住的都以马姓的人口为主。

张鲁镇回民内部之间有着较亲密的亲属关系，正如村民所言"我们就是一家人，一个大家庭"。比如说农忙时期的相互合作，婚丧嫁娶时的相互帮忙等。当然，这并不意味着亲属之间不存在矛盾，日常的一些琐

---

① 庄孔韶主编：《人类学概论》，中国人民大学出版社2006年版，第270页。

事，甚至有如宅基地的争执等也时常出现。这引发了笔者后面的思考，比如扩大家庭与核心家庭、家族的作用与矛盾等。

莫里斯·弗里德曼（Maurice Freedman）在他的研究中曾经提出，东南沿海等边陲地带的家族现象比较普遍，他认为，出现这种现象的原因取决于三个重要的因素：①边陲地带；②稻作生产；③灌溉系统。这三个要素是促成村落中的人加强家族认同、进行家庭联合、扩大家族力量的主要动力。① 而此研究中可能只有一点不符合莫里斯·弗里德曼的模型，那就是这里不算是边陲地带。但是，这里不是家庭的联合，也没有壮大的家族力量，而是大家庭要求分立，似乎还有不合作。

尽管张鲁镇的血缘关系很紧密，但是因为回族的特殊原因，多数人没有自己的族谱，村民似乎对族谱很陌生，似乎对共同的祖先极少关注，他们更多地关注各自的小家庭的个体生存问题。在血缘关系上，张鲁回族呈现族内通婚、汉族同化通婚的现状。

"分久必合，合久必分"，该论断从某种意义上反映了中国历史政治系统的循环运行的规律，但中国传统的家族构成形式也是与这种政治系统相互关联的。可以说，家庭关系与政治变迁的形式相互关联，但这仍然是需要深入分析和讨论的问题，亲属血亲关系构成与国家和政治系统结构变迁的相互联系也是其重要的研究方面。正如麻国庆在其《家与中国社会结构》一书中所描述的："大家庭的分产产生的不同的分家，是农民社会的一种理性的选择，这种选择本身就带有一种人伦的倾向，它所体现出的特点不是分而不回的接力模式，而是分而又回的反馈模式。"②

第四节　光荣的历史

张鲁是一个有光荣历史的村镇，1942 年 9 月，当抗日战争进入最艰苦阶段的时候，抗日名将冀中军区回民支队队长马本斋奉命从冀中转战鲁西北，由于鲁西北军分区缺少抗日主力部队，回民支队进驻回民聚集

---

① ［英］莫里斯·弗里德曼：《中国东南的宗族组织》，刘晓春译，上海人民出版社 2000 年版，第 135 页。

② 麻国庆：《家与中国社会结构》，文物出版社 1999 年版，第 218 页。

区——张鲁集，马本斋兼任军分区司令员，赵健民（后任中顾委委员、中共山东省委书记）同志为副司令员，回民支队深深地扎根在张鲁附近作为根据地，当地政府给予其极大的支持和帮助。根据当地老人回忆：从柴米油盐到服装鞋帽都优先供给，先后有大批回民青年参军，极大地充实了回民支队，张鲁回民抗日救国会还派出张鲁清真寺最好的阿訇蔡永清任回民支队的随军阿訇。

回民支队在民族英雄马本斋司令员的领导下，在张鲁镇附近开展抗日作战，不到两年时间，消灭了刘仙洲、齐子修等日伪反动部队，节制了日伪军对根据地的蚕食，当地回族老百姓说："马司令一到，咱就能睡个安稳觉了！"1943 年 10 月，1.5 万名日伪军进犯鲁西北地区，马本斋司令员采取"牛刀子钻心"的战术，击毙日伪军数百名，俘虏日伪军1600 名，取得了对敌作战的重大胜利（见图 3-1、图 3-2）。①

图 3-1　马本斋将军塑像

后来由于操劳过度，马本斋司令员后颈部长了对口疮，疮波及脑髓，由于当时部队医疗条件较差，病情难以控制，后并发肺炎，1944 年 2 月 7日，马本斋将军病逝于濮阳小屯村军区后方医院，终年 43 岁。消息传出，

---

① 马国超：《民族英雄》，华艺出版社 2001 年版。

图 3 - 2　马本斋将军的独子、全国政协委员、海军航空兵副政委马国超将军
来张鲁与原聊城政协工委书记闫廷琛、张鲁老乡李寅堂亲切交谈

冀鲁豫边区人民特别是张鲁人民陷入巨大悲痛之中，按照将军的遗愿，其遗体被安葬在被他称为第二故乡的张鲁集。2 月 9 日，隆重的安葬仪式在张鲁举行，冀鲁豫边区政府领导人黄敬、宋任穷、王任重、朱光亲临吊祭。在 11 日的公祭上，张鲁上百名回族群众按照回族的最高葬礼将马本斋的遗体高高举过头顶送往墓地。毛泽东亲书挽联："马本斋同志不死！"朱德的挽联是："壮志难移，回汉各族模范；大节不死，母子两代英雄！"周恩来的挽联是："民族英雄，吾党战士。"1954 年，马本斋的遗骨迁到石家庄华北烈士陵园。1985 年，为了永远纪念这位抗日民族英雄，为了怀念在抗战期间保卫张鲁集和鲁西北的民族英雄，莘县人民政府在原墓地处（位于张鲁南 1 千米处）修建马本斋烈士陵园，由马本斋之子马国超将军（中国人民解放军海军部队副政委）亲笔题写（见图 3 - 3）。[1]

　　马本斋烈士陵园目前已经成为鲁西北红色革命教育的重点单位，2012 年，张鲁又规划建设张鲁纪念馆，马本斋纪念馆占地面积 1328 平方米，主馆建筑面积 4000 平方米。纪念馆由大门、主雕塑、景观亭、主展馆、文化长廊以及水系等景观点组成。院落中间主干道上为 43 块围石硬

---

　　①　马国超：《民族英雄》，华艺出版社 2001 年版。

图3-3 张鲁马本斋百年诞辰纪念碑

化草坪，意为马本斋同志享年43岁，植草寓意马本斋精神不死，生生息息，永远扎根莘县大地。主雕塑东西长19.02米，意为马本斋生于1902年，南北长19.44米，意为马本斋1944年牺牲，馆前水系设计意为民族团结，源远流长（见图3-4）！

图3-4 张鲁马本斋烈士陵园

第 四 章

家

家是社会的细胞，按照社会学家的定义，家是具有婚姻、血缘或收养关系的人们长期生活的共同体。家作为社会关系具有如下特点：第一，同一家庭的成员生活在同一房屋或院落之中；第二，家庭承担重要的社会角色，比如父母与子女、丈夫与妻子、兄弟姐妹，形成不同角色之间的关系互动；第三，相互之间具有法律上的责任和义务，比如父母对子女的抚育，子女对父母的赡养。家庭观念就是家庭内按照长幼辈分、不同年龄和不同性别形成的一系列的规范和礼仪。费孝通先生在《论中国家庭结构的变动》一文中曾强调：中国人的"家"是在核心家庭的基础上形成的"扩大的家庭"，在传统中国社会中"家"的形式更多地以"家族"和"宗族"的形式存在，其与欧美国家的核心家庭有本质不同，文化的差异也带来中外生活方式的不同，在传统社会，中国人终其一生都"逃"不出"家"的束缚。① 山东回族的家庭观念深受儒家传统文化和伊斯兰教文化的共同影响。回族穆斯林学者曾将伊斯兰教的家庭观念概括为"人道五典"。其内涵与儒家的"三纲五常"极为相似，而伊斯兰教认为"夫妻"是"代天地育人"，"有夫妇而后有上下，在家有父子，在国有君臣，在上下而后有比肩。同出为兄弟，别氏为朋友，人伦之要，五者备也"。这种认识，凸显了夫妻对维系"家"的重要性。只有"家"的稳定，才能带来社会和国家的安定。

---

① 费孝通：《论中国家庭结构的变动》，1982 年 3 月在日本国际文化会馆的学术演讲稿节选。

第一节 家庭结构

家庭结构是指"一个家庭中成员人口数量与成员构成以及其相互关系、相互影响的基本形式。家庭结构包含两个方面：一是家庭的人口规模，即家庭成员的数量；二是家庭结构，即家庭成员的组成状况"。① 对回族家庭结构的分析有助于我们了解当地回族家庭人口分布及其家庭变迁趋势，估测人口和家庭发展对回族经济社会发展的影响力，即人口红利及劳动力人口变化。

一 家庭人口规模

依据前述资料，张鲁回族总人口为 6500 人，总户数为 1100 户，平均每户为 6 个人（见表 4—1）。

表 4—1   张鲁镇样本回族家庭人口数

户规模	户数（户）	比例（%）	户规模	户数（户）	比例（%）
单身	6	2	5 人	94	34
2 人	33	12	6 人	19	7
3 人	45	16	7 人	12	4
4 人	46	20	7 人以上	15	5

从样本数据可见，当地回族家庭人口规模集中在 3—5 人，其中 5 人户占被调查总数的 34%，4 人户占 20%，3 人户占 16%，6 人户及以上共占 16%，单身户占 2%，2 人户占 12%。从某种程度上反映出该镇回族家庭存在相当比例的扩大家庭，这与代际居住有关，但大部分家庭子女数在 2—3 人（根据调研包括老年人和中青年人，部分老年人有 4 个以上子女），部分年轻人计划只要 1 个孩子。

个案访谈：MSH，男，48 岁：

---

① 杨善华：《家庭社会学》，高等教育出版社 2006 年版。

我们家这代人有兄弟三人，还有一个大姐，兄弟姐妹共4人。由于做些生意，在我们生育期那个年代（20世纪80年代）还是把孩子看得很重。拿我来说吧，第一胎是个女孩，接着又要了一个男孩，算是圆满了，但后来生意规模扩大了，在我媳妇35岁时又要了一个男孩，算是功德圆满，这边回族人的意识和汉族差不多，想要男孩，觉得会是传宗接代。小儿子如今也14岁了，不过在刚生的那几年算是超生，还是托人在河南濮阳上的户口，后来户口也转回来了。我周围同龄的朋友大多是两个孩子，有一男一女的，也有两个男孩的，如果两个都是女孩会争取再要个男孩。现在我父母也和我同住，一大家人其乐融融的。

二　家庭结构

家庭结构是"指家庭内部的代际组合状况，它是家庭中的代际结构和人口结构的统一组合形式"（见图4-1）。[①] 社会学中区别家庭结构，可被定义为核心家庭、主干家庭、联合家庭和其他家庭四种类型。根据笔者的调研数据，张鲁回族的家庭主要以三代同堂家庭为主，所占比例

图4-1　回族家庭

① 杨善华：《家庭社会学》，高等教育出版社2006年版。

达到31%；其次是夫妻加两个以上未婚子女家庭，然后是一对夫妻加一个未婚子女家庭，均为核心家庭，共占43%。由此可见，张鲁回族家庭结构以核心家庭、主干家庭为主，核心家庭较主干家庭所占比重较高。

三　家庭的职能

家庭职能与家庭结构是紧密联系的，两者相互影响，且前者变化是引起后者变化的最主要因素，因此有必要在此分析张鲁家庭职能的变迁，重点分析1949年后至改革开放前和改革开放后两个时间段内的变化。

1949年后，土地改革废除了土地私有制，地主富农手中的土地归于农民所有，农民手中有了生产资料及土地，可以自主安排生产活动，这时，家既是一个由血缘关系联合的群体，同时也是相互合作生产的合作单位，因此当时回族家庭以年轻夫妇为核心，加上其父母和子女在一起生活的主干家庭为普遍存在的形式。1954年之后，随着农业生产集体化及人民公社化的开展，家庭职能又发生深刻的变化，农业生产合作社将各家的土地、主要农具集中起来归集体所有，这时候家庭作为生产活动基本单位的功能丧失，家庭职能主要是一个共同生活和消费的单位，这种状况一直持续到改革开放前。到人民公社时期，生产队是集体经济的基本核算单位，生产队由同一村落中的数十户家庭组成，由包括生产队长、副队长、会计、妇女队长及民兵连长等组成的队务委员会组成，而在队委会中，最主要的人物是队长和会计，队长的任务是组织大家参加统一的农业生产，会计的任务是将集体劳动的收入按照劳动工分对各个家庭进行分配。这时候的所谓家庭是以生产队为生产单位的"家"，原来主干家庭所承担的生产任务都由其承担，生产队与各小家的关系表现在劳动力的提供和工分的获得。从劳动力的角度来看，每个家庭的生产力没有以前相互结合得那么密切。就劳动工分而言，每年年终会计分配时，会计将每家的劳动力取得的工分汇总到一起，把全家的收入交到每个小家的家长手里，年终每个劳动力对家的经济贡献一目了然。所以村中不少年老者回忆："当时争会计都争破了头，年终谁工分高，过年都舒坦。"生产队作为"大家"的功能弱化了原来小家的生产关系之间的亲密性，核心家庭数量增多，主要由主干家庭分解而成。改革开放后，张鲁自1982年起逐步实行家庭联产承包责任制，大队的作用逐步丧失，生产单位又回归至小家之中，家庭职能以生产、生活与消费为主，主干家庭所占比例有所增加，但核心家庭仍占一定比例。

由此可见，中国在不同历史时期实施不同的农村政策，对农村的家庭职能产生巨大的影响，家庭结构也随之改变，张鲁回族家庭的结构及其职能变动也与之相仿。

第二节　家庭关系

"家庭从本质上说是一种特殊的社会关系"，"家庭关系就是生活在一个家庭内成员之间的人际关系，如夫妻关系、父母与子女关系、兄弟姐妹关系、婆媳关系等。在家庭中，婚姻关系、血缘关系或抚养关系是形成家庭的基本关系"[①]。总体而言，张鲁回民的家庭关系较为融洽和睦，笔者在调研期间未发现因为家庭纠纷或者夫妻矛盾而发生的离婚事件。

一　长幼关系

在回族家庭中，年长者在家庭中具有较高的威望，年轻人对年长者十分孝顺。当地回族讲求辈分，宣扬父慈而重育，子孝而谦敬。伊斯兰教宣扬"天地替主育物，父母代主育人"的伦理观念，作为父母，对儿子和女儿同爱，不重男轻女，担负起子女的养育和婚嫁的责任，确保子女能够丰衣足食。作为子女，要孝敬父母，报答父母的养育之恩。按照伊斯兰教的观念，"拜主"之外就是"孝亲"，敬老拜老的重要性仅次于礼拜，礼拜对穆斯林来说是很严肃及庄重的一件事情，礼拜期间不允许旁人打扰，但一个人在礼拜的时候听到父母召唤必须要回答，对父母的孝顺重在今世，次在后世；父母进入老年丧失劳动能力后，子女要负担起老人的养老送终的责任。张鲁回族的养老是儿子为主，女儿为辅。在多子女的家庭，年老的父母一般与结婚成家的长子居住在一起，长子有养老的主要责任，其他子女有定期照顾、赠送食用的义务。老人生病一般是儿子筹钱，女儿起照顾的作用。先知穆罕默德曾说，"兄弟同本之

---

① 奚从清、沈赓方：《社会学原理》（第四版），浙江大学出版社 2001 年版，第 149—150 页。

指，并蒂之果也"，兄弟关系对家庭关系十分重要，其和谐程度影响社会的稳定。在张鲁，影响兄弟关系的较重要因素是家的分离，多数是因为住房分配。按照当地回族风俗，儿子婚后和父母分开生活，即分家。矛盾主要发生在改革开放前，那时候子女多，孩子分家后有很多因房子分配不均引发矛盾，导致家庭关系紧张，家庭联产承包责任制落实后，这种矛盾的发生率大幅度减少。

案例：YGZ，回族，女，83岁：

> 我原来和儿子一起住，现在他们都挺忙，我想自由，所以我回老宅子住了，我平时会做礼拜，他们吃饭晚，并且睡得晚，和我的生活节奏不合适。家里有两个儿子，一个姑娘，一个儿子种地，一个儿子做生意，姑娘嫁到外乡，现在市里工作。儿子和儿媳对我挺好，家庭关系挺融洽，饭后坚持散步，我身体挺好，所以子女们的负担很小。

二　夫妻关系

夫妻关系是家庭关系的核心和纽带。经济与社会上占主导地位的是男性，青年回族男女一旦结合，要承担一定的义务，赡养父母及养育后代。伊斯兰教义要求丈夫爱妻子，和气地对待妻子，要求妥善处理家庭关系，保持家庭关系的融洽。这一点比汉族农村家庭要开明，但从男性主导的家庭关系来看，当地回族妻子对丈夫的经济与情感的依赖性较强。

案例：YYZ，回族，女，46岁：

> 我没有工作，在家务农，丈夫在镇上工作，由于我没有工作，所以家里主要靠丈夫，但这么多年，丈夫里里外外对我很好，家里有重大的事情会同我商量，不同于汉族男人的大男子主义。

儒家传统文化中，女人的作用是传宗接代，相夫教子。山东是儒家文化十分浓厚的地区，张鲁的回族女性也受到儒家传统文化的影响，"女子无才便是德"。但笔者在调研期间也看到，回族女性在家庭中的地位卑微，比如家族共同吃饭时男女不能同桌，等等。但回族女性担负起种种沉重的家庭负担，始终表现得非常坚强与坚韧，无怨无悔。

第三节　家　族

　　家族又称为宗族，它是家的扩展，中国农村社会是一个以家族为主的社会，所以对于家族的考察"不仅对认识中国社会的过去和现在，而且对认识中国社会的未来发展，都是不可或缺的"。① 杜赞奇在其《文化、权力与国家》一书中认为，宗族"是由同一祖先繁衍下来的人群，通常由共同财产和婚丧庆吊联系在一起，并且居住于同一村庄"。② 林耀华教授在其《义序的宗族研究》中认为："宗族为家族的伸展，同一祖先传衍而来的子孙，称为宗族"，"宗族一个最大的特征，就是全族人所供奉的祠堂"。③ 家族或宗族既构成中国传统社会的基本细胞，也是伦理本位的中国传统乡村社会结构的组织单位，在家族或宗族基础上衍生的文化现象，即为家族（宗族）文化。

　　坐落于汉族聚集区的少数民族家族文化有其自身的特点，在实地调查中笔者发现，张鲁回族乡村社会的家族文化除了具有汉族家族文化的一般特征，如血缘性、等级性和礼俗性之外，还有回族乡村社会的独特性。首先，家族区分不是很明显，家族意识与观念比较淡薄。比如较多的姓氏以马姓、李姓、蔡姓等姓氏为主，依据一般家族符号如姓氏、辈分和家谱来分析，以马姓为例，张鲁镇既有外迁马姓回族，又有本地马姓回族，所以地域性和家族的相关性并不明显。以马氏为例，其姓氏排序按照：体、同、心、敬、效、本、继、先、传。其次，家族制度规范较为松散。一个组织正常的运转需要整套组织条约或行文规范来维持与约束。笔者在调研时，难以看到有关成文的家族规定或曾听到用什么家规来约束家族成员。同时宗教组织和宗教人员替代了传统家族的规范作用，即宗教习俗及条规替代了家规。

---

　　① 王沪宁：《当代中国村落家族文化——对中国社会现代化的一项探索》，上海人民出版社 1991 年版，第 3 页。

　　② ［美］杜赞奇：《文化、权力与国家——1900—1942 年的华北农村》，王福明译，江苏人民出版社 2010 年版，第 65 页。

　　③ 林耀华：《义序的宗族组织》，生活·读书·新知三联书店 2000 年版，第 1、28 页。

同时在调研中发现，当地回族的家族成员之间存在着广泛的经济与生活上的合作互助。家族来源于家庭的扩大，正如费孝通在《乡土中国》一书中所言："为了经营这许多事业，家的结构不能限于亲子的小组合，必须加以扩大。"① "家"扩展成为一个小家族，当家族群体中的各个家庭遇到生活与生产上的困难的时候，作为血缘关系的聚合体的家族内部的互助合作就成为小家庭的选择。"有喜事要请酒，生了孩子要送红蛋，有丧事要出来助殓，抬棺材，是生活上的互助机构。可是这不是一个固定的团体，而是一个范围。范围的大小也要依着中心的势力厚薄而定。有势力的人家的街坊可以遍及全村，穷苦人家的街坊只是比邻的两三家。"② 比如马氏家族内部人员的婚丧嫁娶时，都是在家族互帮互助上进行的。笔者曾参加当地马氏家族嫁女的婚礼，在送亲过程中，其家族中的男性亲属浩浩荡荡有一百多人陪同新娘去男方家，其寓意代表女孩家族庞大，避免到男方家受气。此外，家族内部遇到其他大事件，如修房盖屋、农忙时节也会出现互助。在当前农村的社会互助组织不甚完备的情况下，家族内部的互助成为农民最能接受的一种途径，这种联合所形成的家族经济彰显了巨大的活力，形成一种实体竞争力的集团，促使回民早日走上致富之路。"聚族而居、小农经营的中国农民，在面对农忙、水利、安全保卫、红白喜事、疾祸、灾难等无法单独解决的问题时，互助与合作行为也就随之产生了。但这种互助行为并没有规章可循，完全是基于乡土社会的'差序格局'。"③ 此外，当地的一些农业合作组织和农业合作社的内部成员组织也多为同一家族的成员。因此，从某种意义上说，当地回族社会进步是与当地家族内部成员的相互帮助密不可分的。

第四节　生育制度

生育是家庭建立的基础，费孝通在《乡土中国　生育制度》一书中

---

① 费孝通：《乡土中国　生育制度》，北京大学出版社1998年版，第40页。

② 同上书，第27页。

③ 魏本权：《革命策略与合作运动——革命动员视角下中共农业互助合作运动研究（1927—1949）》，中国社会科学出版社2016年版，第20页。

以婚姻—生殖—抚育为主线，系统阐释了生育制度。运用功能主义的视角，指出生育制度是为了保持社会结构的完整性，并就种族绵延问题进行深入的探讨和分析。综合全书，形成了"个体的生活需要社会结构的完整——为了保持社会结构的完整性，就必须具有一定数量的人口——而人口的世代继替有赖于双系抚育——为确保抚育，就必须建立以婚姻为基础的稳定的家庭三角结构"的完整逻辑体系。

根据笔者问卷调查可以了解张鲁当地回族的生育状况。在张鲁回族家庭中，年龄层次在 40—60 岁的家庭，二孩及二孩以上者占 78%，40 岁以下人群二孩占比是 58%，而 30 岁以下有生育二孩意愿的占 76%。有生育二胎意愿的原因除了与回族可生育二胎（当地的共识）外，还与当地的多子多福思想有关。尤其是 60 岁以上的受访者，他们一生中平均生育子女数为 6.5 胎，其中存活的子女数平均为 5.3 胎，这与回族的传统生育观念即崇尚多生有关，多生造成了群育。"一个孩子是养，六个孩子也是养，衣服可以几个孩子轮着穿。"这种粗放式的生育和养育模式，容易造成孩子的培养数量多而培养质量不高的后果，如，案例：MYM，女，回族，54 岁：

> 现在养个孩子不费力，主要是刚出生那两年不省事，过了那个关就好了，家里边孩子多还是好，为啥呢，你像以后我们老了在一个孩子家住不习惯了还可以到另一个孩子家去住。而且生孩子也不难，当然生头胎费劲，产道很紧，后来越生就越容易，像我母亲生了六个孩子，最后一个孩子出生的时候还在做家务，孩子就"嘟溜"出来了，把脐带一剪一扎，塞回去照样干活，没现在小姑娘生个孩子这么娇气，哎，时代变了！

当地的生育观也与养老观念有关。当地回族养老的传统是儿子养老，父母上了年纪行动不便就在儿子家住，钱财物统统由儿子出。女儿只负责看护和照顾，没有养老的义务。如一胎为女儿，势必生育二胎男孩，有的回族家庭妇女头两胎都是女孩，为了生育第三胎，快 40 岁还甘愿冒着生命危险继续生育。所以说除了费孝通所提及的社会结构对生育有影响之外，生育还与人的主观性即养老观念有关。而这种观念又体现出重男轻女思想，在调查期间发现，无论是回族成年的男性还是女性，都偏重于生男孩，且女性生育男孩的意愿比例高于男性。

案例：YYN，女，回族，27 岁：

> 我就不想生二胎，不是嫌麻烦，而是觉得没有时间，现在社会变化很快，很多东西要学，我还想去读个研究生，给自己充电，我老公也支持我，虽然现在是个女孩，但是老公说女儿比男孩以后对我们亲。可能过几年想要二胎，但是现在不想，现在生活过得挺好，谁能想几十年后是什么样子呢，也许那时候养老体系就很发达了。我不少朋友都是这么想的。

以上案例在一定程度上反映了当地部分年轻人不同于老人的生育意愿，认为目前生育一胎很好，尚未有生育二胎的意愿，较多地表现为对个人生活质量的追求上。

由此可见，张鲁回族家庭生育态度较多地呈现为一种两面性，即传统的观念——多子多福与年轻人的观念——少子化而关注个人发展，两种观念的碰撞冲击着当地回族家庭。笔者认为，从社会变迁的视角来看，这不失为一种社会的进步，回族青年破除了传统的养儿防老思想，认为社会发展会导致社会化养老制度的产生，他们更注重个人发展及下一代的培养质量。

第五节　两性关系

笔者在调研和访谈时了解到不少关于当地日常生活与身体互动的案例。村民对于男女欢爱的故事表述得很隐晦并有经常性的陈述，特别是在访谈家庭关系和人际关系的时候。关于性的故事往往不仅发生在"回镇"这个狭小的场域，而是波及周围的乡镇甚至县、市更大的范围，从某种程度上看，两性关系可以反映出社会生活及价值观的变迁。张鲁回族人眼中畸形的性大致可以分为三类：无奈的性、婚外的性与放纵的性。

无奈的性，是迫于生活、生产方面的压力而形成的两性关系，多发生于 1949 年前或改革开放前，随着经济社会的发展，此类现象日渐减少。

案例：MKL，男，76 岁，回族：

> 在我眼里，那就是"传帮带"。这个词可能说起来意思不明了，但绝对生动形象，新中国成立前甚至有些在新中国成立后由于家庭贫困，富裕的人家帮助不富裕的人家渡过经济难关，前提是贫困人家的人去富户家帮干活，不管男女，但通常女人是"陪睡"的。比如新中国成立前黄河决堤那几年本地某村曾有一个女人，家里男人因为事故瘫痪在床不能从事劳动，为了拉扯孩子，到本地一个大户地主家干活，被地主睡了，后来还怀孕生了个娃，现在那个娃都七十多岁了还健在，但一辈子日子挺不好过，参军提干都没他，这也是小时候听我母亲说的，印象中小时候我们都看不起这户人家，那个娃小时候备受欺负。谁家谁家的，这种事情有一些，用现在的话说就是桃色新闻了，不过那是时代的产物，人们心中的无奈罢了。新中国成立之后应该也有，但是少了，新中国成立后政治运动多，也听说有妇女为了工分和大队支书搞暧昧，不过都是传闻。兴知青下乡那几年，倒是有外地女知青为了回城和村干部好的，这个我是亲眼见过的。

"传帮带"在某些地方叫作"典妻"，这种情况在回镇也曾出现过，作为当时的"同龄人"受访者显然是看不起这种靠身体生活的行为，虽然是那个时代里被迫的产物，但作为时代的产物，"那个娃"即使 1949 年后因为贫民的身份实现了翻身，但时刻为其母亲的屈辱历史而饱受歧视，成为一个特殊年代的畸形"性产物"，是难以被传统所谅解的。案例提到"参军提干都没他"，可见影响的消极与深远。

婚外的性，是发生于合法婚姻关系之外的行为，经济社会的发展与变迁也带来时代性的婚外性关系难题。

案例：SCZ，男，31 岁，回族：

> 为了利益的妇联干部。2007 年左右村里有不少中青年男人

结伴外出打工，家里剩下的基本都是妇女和老人。那段时间女人们都很苦，既有孩子拉扯又有农活与家务的。那段时间里出了件事情——凶杀案。村里有个留守妇女长得很漂亮，做着一些妇联方面的工作，老公在外地打工，可能是因为工作的原因更多人猜测与钱和利益有关，与镇里的一名干部好上了。据后来公安说是在一次县里检查妇女节育工作后的宴会中，女方和男方当时都喝多了，两人原来就认识，男的送女的回家就发生了第一次两性关系，后来东窗事发被女方的婆婆撞见过。女的半年内被提拔到一个管钱的差事，都说和镇里男的有关。后来镇上男的不明不白失踪了，尸体被人在村头的一个废弃地窖里发现，县里法医鉴定是被人用利器杀害，案子后来破了，凶手是妇联那女人的老公，罪名是故意杀人。原因当然与奸情有关。

这是一个典型的当前农村留守妇女"红杏出墙"的案例，它是被儒家文化和伊斯兰文化所唾弃的，虽然是为了一己之利和"寂寞的私欲"，案子在当地获得更多的关注是因为杀人而不是奸情败露。该事件的出现，笔者认为与农村的权力关系变化有很大关系。很多权力和国家政策的优惠掌握在少数人手中，作为弱势群体的大多数人特别是留守妇女，有的选择只能是以身体获取权力或利益，迈克尔·R. 达顿曾提到："中国农村社会从'东方的宗法社会'走向'现代社会'，有一个集体性阶级的社区内部的个人化的命题，破除了宗法和阶级的束缚，正如福柯所说，性直接成为了国家与个人之间的一个命题，每个个体都开始有能力把握住对性的享用。对性乱的惩罚不能用宗法性和政治性束缚，而最终以杀人作为完结。"[1]

放纵的性，是作为地下的、非法的两性关系在当地出现的，是传统时代的"性消费"的死灰复燃。

在当地访谈时曾发现，在乡镇西部企业较为密集的省道两旁，有一些按摩房和酒家，晚上暗红色的灯光从中透出，照在省道上，如暧昧的

---

① ［澳］迈克尔·R. 达顿：《中国的规制与惩罚——从父权本位到人民本位》，郝方昉、崔洁译，清华大学出版社 2009 年版，第 203 页。

鬼火一般。这些均为隐蔽的色情场所，而消费的对象主要是周围工厂的工作人员与省道上来往的大车司机。调查得知，这些店是 2010 年左右陆续开张的。潘绥铭教授认为，性交易行为在今天中国男性中已占到相当比例，而性消费则在国家控制之外运行，在访谈中也验证了该结论。"凡有婚姻制度存在的地方，就必定有对性关系的限制。"[1] 传统的性爱是在家庭内部结合的，随着工业化和商品化的冲击，性已超脱了家庭的层面，并作为商品进行买卖。不少中青年婚前同居或婚外恋，冲击了当地的伊斯兰教和传统儒家婚姻观念。

---

[1]　庄孔韶主编：《人类学概论》，中国人民大学出版社 2006 年版，第 261 页。

第 五 章

散杂居回族地区的经济变迁

在中国学术界，民族经济概念的内涵具有多重意义，大致可分为以下几种：一是发展中国家或民族独立国家经济；二是少数民族经济；三是少数民族地区经济；四是作为一个泛概念，使其适用于各种场合，是一个通用的概念和范畴。少数民族经济是指多民族国家中处于少数的那些民族的社会生产与经济生活，包括生产、分配、交换、消费等各个方面，在中国是指除汉族以外的所有其他民族的经济。少数民族地区经济则是指多民族国家中少数民族居住地区的各种经济建设和社会经济生活。回族经济的含义可推导为与民族经济中的少数民族经济相对应，具体指我国回族的社会生产和经济生活，包括生产、分配、交换、消费等各个方面。就当前形势而言，回族经济是中国伊斯兰经济和中国特色社会主义市场经济相融合的经济模式。本章通过对张鲁回族镇自有回族居住时至今的经济形式变迁，从历史社会学的角度剖析其变迁过程和内在文化特质。

第一节　1949 年前的回族经济状况

张鲁有回族居住的可考察的最早历史记载始于元代，最早为张姓和鲁姓人家来此居住，所以被称为张鲁。据访谈了解到，张姓和鲁姓都不是回族，最早的回族居民来源于元末明初时期的洪武大移民。山西洪洞大槐树移民在山东比较集中地分布在两个区域，一是今聊城市，二是今菏泽市。关于今聊城市的洪洞移民，明朝文献中有明确的记载。洪武二十二年（1389）八月，后军都督朱荣上奏称："山西贫民徙居大名、广

平、东昌三府者,凡给田二万六千七十二顷。"(《明太祖实录》卷197)
洪武二十八年(1395),"诏中军都督府左都督刘谦、右军都督府都督金
事陈春、后军都督府都督金事朱荣往彰德、卫辉、大名、广平、顺德、
真定、东昌、兖州等府,劝督迁民屯田"(《明太祖实录》卷237)。文
献中载明的洪洞移民山东的地点只有东昌府和兖州府。东昌府为今天
山东省聊城市,下辖莘县。关于回族缘何来张鲁居住,据村中回族老
人回忆,太祖选择来此地居住乃是因为此地有元代始建的清真寺,依
寺而居是当地回族居住的特点,洪洞移民中的部分回族先民来到张鲁
依寺而居,由于当地人口稀少,土地较为广阔,最初来此地的回族人以
农业为主。

一　农业的根基

农业的发展是人口聚集的根基,在中国历史上,没有哪个民族是
纯粹靠商业经济形成的,没有第一产业的基础,就没有民族形成的经
济基础。早期山东回族,通过外来移民迁入,大都以点状结构分布在
各个屯田区,以清真寺为中心,形成一个个中心社区,以农业为主的
早期经济模式如婴儿汲取养分一般奠定了山东散杂居民族聚集区的经济
基石,在地缘关系上孕育了山东的回族社会。由于地处山东西部的粮仓,
张鲁的农业经济起步较早,但回族农业起步较晚,这是与回族好经商分
不开的。

在回族历史上,也曾有以务农为耻的回族意识形态。从明朝末年到
清朝中后期,前后两百多年的历史,张鲁当地的回族农业经营一直处于
落后状态,以基本的粮食作物种植为主。学界以前关于回族经济多侧重
于商业史的研究,对农业研究稍显单薄,回族这个中外结合的民族能广
泛扎根在中国的土地上,农业是安身立命的根本,因此有深入研究回族
农业经济的必要。元代是回回民族形成的时期,就其当时的民族构成来
说,主要是从西域征调东迁的各族人民,到中国后分散居住,其能形成
民族凝聚力缘于共同的伊斯兰教信仰以及"屯田""匠营"的本领,依靠
农业和手工业牢牢扎根在土地上。白寿彝先生曾经指出,"回族经过多次
的迫害,但恢复得很快,并且不断有所发展,这同他们以农业为主,在

土地上扎了根有很大的关系"①。《东昌府志》记载:"清乾隆年间,莘耕北部回教人聚集区农耕繁盛,凡良田六千四百七十五亩叁分陆厘,麦后种豆、黍,凡地两年三收,丰年亩收'一二石',凡耕作三十亩者,西成时除完租外,约余二十石。"按照一亩产 1.5 石计算,换算为市斤,为 150 斤左右。由此可见,当时的农业经营已成较大规模,当地旱地多实行麦、豆、粟、高粱等作物的复种,多为两熟。而屯军制度也促进当地农业的发展,屯军在承担必要的军事职能之外,以发展生产、促进屯垦为其主要职能,有力地促进了农业发展。从明朝到清朝,朝廷在当地都有部分驻军,兵勇聚首其中多屯田生息,无战事时多从事农业生产,提高农业生产率。

二 手工业和商业的萌芽

自明朝初年起,当地陆续有从临清、青州、濮阳等地迁入的回族,除了从事传统农业外,手工业也逐渐兴起。根据史料记载,到清道光年间,张鲁成为山东西部最大的皮毛加工集散地,当时有"千里皮草,莫如张鲁"的称号。根据张鲁清真寺存回族史料记载:明万历年间(1573—1620),张鲁始有皮毛加工原始行业的兴起,经历了一百多年的发展,到清康熙年间(1662—1722),当地回族艰苦创业、商业经济发达,逐步形成"信长升""盛宏缘"等较有名气的商号。据记载,当时皮毛业分为皮和毛两个行业,皮主要有绵羊皮、羔羊皮、牛皮、狐皮等,毛主要有绵羊毛、山羊绒毛、山羊毛等,当时每年皮毛购买量大约 150 万斤。到民国初年,张鲁有被称为"小上海"的美誉,其中很大一方面因为其手工业的发达,而回族的重商传统与山东传统的儒家文化的诚实守信精髓相结合,促进当地回族商业经济的发展。手工业的发达同时又促进了商业的发展与物流业的发展,据历史传记《张鲁魂》记载:民国初年张鲁街南北东西长 5000 米的道路两边,布满各种各样手工作坊,羊皮贩卖户、粮食交易户星罗棋布,每逢周三、周五回族集市开户,南来北往的客商来此贩卖商品,凡张鲁集百十户人皆参与其中,富户大贾亦百

---

① 白寿彝:《关于开展回族史工作的几点意见》,载《白寿彝民族宗教论集》,北京师范大学出版社 1992 年版,第 240 页。

十户有余。道路上具有回族风味的回民小吃几十家，如马记饭店、蔡记水饺等。1926 年前后，增设"洪仁""诚和""祥月"等清真饭馆，每逢集市，烧卖、蒸包、水饺、煎包、烧饼、油条、羊肉汤锅遍及大街小巷。当时有言："宰牛羊，闯五行，掌鞋卖饭皮毛匠"，"一个挑子两把刀，一把宰羊，一把切糕"。由此可以看出，手工业的发达带动了商业的发展，集市贸易的繁荣，以及人口流动的增加，带来了外来的新鲜事物。相对于周围封闭的农村来看，张鲁更显开放与包容，而当地的回族商业户中诚实守信、内部行规等非正式制度也起到重要的作用。制度经济学理论曾提到，无论是长期还是短期，非正式制度中包含的观念和意识形态是重要的，在社会演化中对人的行为选择产生重要影响。非正式制度约束嵌入其中的文化在制度的演化中起到重要作用，从而形成路径依赖。清朝中后期至民国初年的张鲁商贸业发达，带动了对外商贸，很多回族同胞"闯关东"，经商足迹远至黑龙江、俄罗斯等地，商业的逐利性决定了其流动性和分散性，例如在黑龙江一带，"咸丰以前，市肉一斤不过二十钱，近二十年昂至六七十钱，盖牛产多在齐齐哈尔、呼兰两城境中"[1]，而从事贩牛业的，多为山东回民。"中国人出入俄境以贩牛为业的，多为山东回民。"[2]

第二节　1949 年后至改革开放前的回族经济状况

一　土地改革时的回族经济状况

张鲁地处冀鲁豫革命老区，早在 1949 年之前就已实行土地改革。中国共产党领导的解放区农村土地改革，实现了"耕者有其田"，也向旧有的土地制度和产权结构提出挑战。新民主主义革命时期，中国共产党所到之处广泛开展土地革命，同时在革命取得胜利之后，在全国范围内开展土地改革运动，其根本目的就是要彻底改变以往的土地所有制，建立一种新型的土地所有关系。解放战争时期，由于中国共产党先行在解放

---

① （清）徐宗亮：《黑龙江述略》第 6 卷，黑龙江人民出版社 1985 年版，第 21 页。

② 杨旸、霍燎原：《中国东北史》第 5 卷，吉林文史出版社 2006 年版，第 403 页。

区施行土地改革，且解放区的军事、政治、经济以及社会政策相互关联，实现了"耕者有其田"的目标，极大地提高了农民农业生产的积极性，提高了其参加革命、支持革命的热情。

张鲁镇当时地处冀鲁豫边区政府辖区范围，是中国共产党的早期革命根据地之一，在抗日战争时期，抗日名将马本斋将军曾经在此战斗直至牺牲，群众基础较好。所以解放战争时期及 1949 年后农村开展土地改革的进程十分顺利。

詹姆斯·C.斯科特在描述东南亚农民的斗争及"道义经济学"理论时曾经写道，在贫苦地区的农村或者压迫严重的地区的农民，表面上顺从地主阶级的剥削，但他们会自发地并无意识地通过个人或群体的行为对这种压迫进行反抗。[①]类似的隐性行为广泛存在于农民的日常抵抗中。

解放初期土地改革的对象主要是地主，针对的主要问题是土地的过于集中及占有的极度不平衡。地主阶级占有大量的土地，多数贫苦农民占有少量土地或者根本没有土地，靠租种地主的土地和打长工、短工维持生计。原观城县（莘县前身）的 36 万亩耕地，绝大多数在地主阶级手中，据史志记载，仅大地主王泽园一家就占有 1.4 万亩土地，佃户遍及方圆数十里的村庄。民国时期莘县魏、马、杨三家地主与官府勾结，横征暴敛，他们掌握着农民的生杀大权，当时流传着一首歌谣，据说常常被用来吓唬小孩子："叫过不叫过，权在魏大磨；上捐不上捐，权在马宜三；完粮不完粮，权在杨贞祥。"又据 1934 年的《中国实业志》记载，张鲁拥有百亩以上的土地的地主占农户总数的 4.9%，无地或者有少量土地的农户占到 29.5%。由此可见，土地改革前的张鲁镇甚至莘县土地占有的两极分化现象是很突出的，这反映了当时社会结构的特征，也说明土地占有结构中隐藏的矛盾与冲突之源，地主占有大部分土地资源。土地改革不仅是一项经济体制与产权制度的变革，更重要的，它还是彻底改变社会非均衡态势的政治和社会变革运动，通过改变旧有的社会结构及秩序，重建新的社会经济与政治秩序。

---

① [美]詹姆斯·C.斯科特：《农民的道义经济学——东南亚的反叛与生存》，译林出版社 2013 年版，第 125 页。

按照制度经济学的理论来分析，土地改革是土地制度的创新与改变，是对中国五千年的土地产权关系的彻底变革，国家和政党都面临巨大的挑战，中国的新民主主义革命是依靠工农阶层的联合而取得胜利的，中国共产党也迫切想把革命胜利的果实与广大的农民兄弟分享。举例来说，按照中共中央及土地法的精神，土地改革的政策就是打击地主、中立富农、保护贫农、平分土地，而这种制度的变革是强制来执行的。道格拉斯·C.诺斯在《经济史中的结构与变迁》中探讨道："产权的性质就是一种强权性的组织进行排他性行使产权的权利。"[①] 从界定和行使产权的角度来考虑，道格拉斯·C.诺斯肯定国家对经济的重要影响与作用。

通过对 90 岁高龄的马某的访谈，可以深入了解当地农村土地制度及其地主—农民关系的实态。[②]

> 　　土地改革前当时地主对我们这样的贫农主要的剥削方式是租土地、雇工和放债，当时我们一家 12 口人，通过中间人与地主说合后订立文字契约，按照规定的交租日期和租赁额进行交租，我们一共租了马姓地主家 11 亩地，其他人家也有订立口头约定的。租佃期限为四到六年。物租有定租和分租两种形式，定租一般每年每亩地交粮 50 公斤，柴 50 公斤。分租为三七分，夏秋两次结算。当时还可分"大种""三堆""秋三七、麦二八"和"干半披"等形式。"大种"指的是佃户自养牛马耕种地主土地，地主分获得收成的一半。"三堆"指的是地主的牛马由佃户喂养使役，佃户仅仅分得收成的三分之一，其余三分之二和全部的柴草都归地主。"秋三七、麦二八"是指佃户只管耕作，麦季收成的十分之二，秋季收成的十分之三归自己，其余全归地主所有。"干半披"是指佃户饮食由地主负责，每年只分得"麦二八、秋三七"的一半。
>
> 　　当时的雇工分为以下几类，长工、季节工、短工和杂工

---

① ［美］道格拉斯·C.诺斯：《经济史中的结构与变迁》，上海人民出版社 1994 年版，第 21 页。

② 以下数据根据笔者 2014 年 9 月的访谈记录整理。

等工种，当时镇上的雇工多为周边村子的汉族人，做长工的居多，是有工钱的，我印象1940年左右的长工一年工资大概在30元；季节工多为忙季节（如地主家婚丧嫁娶）临时雇用，一个月的工资在6—7块钱；短工多在麦收时节雇用，四五天不等，每天的工资在一二角左右；杂工多为"打工"性质，多为地主家内部事务雇用，男工多为地主家看护宅院打扫卫生，女工多为做针线活和清洗衣物，只管饭不给钱。

镇上也有地主开的地下钱庄，对贫民放高利贷进行盘剥，当时放债主要有两种，一种是粮贷，另一种是贷款。贷款一般为月利二分左右，到期不还，利息转为本金，利上加利我们常常称其为驴打滚利滚利。小额贷款，月息二三分，高者四五分，到期不还的话还要利上加利。而粮贷主要是佃户们在青黄不接的时候向地主借粮，可分为种粮和食粮两种，食粮利息比种粮要高，其分有息和无息两种，无息的借高粱还小麦，有息的借1斗还1.5斗。当时也有折价偿还的方式，地主对粮价只看涨不听落，借的时候通常按照市价折合款再按照月息二三分计算利息，如果物价暴涨，往往会达到借一还三或还四。甚至会成为永远还不清的债。不少人家被借债搞得家破人亡，印象1946年有不少借粮的，因为徒骇河金堤泛滥，利息很高，不少人家因为还不上债，举家逃亡。

由此可见，土地改革前张鲁镇地主阶层拥有绝对的土地权力，在经济层面上处于绝对的支配地位。土地改革时期的张鲁镇经济以农业为主，农业主要以种植业为主，种植业又以粮油作物为主，经济作物为辅。粮油主要以小麦、玉米、谷子、大豆、高粱、地瓜等为主，油料有花生、芝麻、油菜等，而以花生为主。经济作物主要以棉花和蔬菜等为主。由于是黄泛区，产量不高，当地人的职业可以从表5-1窥见（以张鲁镇南街村为例）。

表5-1　　　　　　张鲁镇南街村1943—1944年职业分布　　　　单位：人

类　型	人　数
佃农	279
雇工	31
阿訇	4
商贩	23
医生	2
木匠	7
※养殖：羊、牛	兼业
饭店厨师	12
村官	2
教师	1
地主	45
富农	30
中农	63
开澡堂	3
合计	502

注：※兼业是指其他行业的兼职副业，没有统计出具体人数。[1]

资料来源：杜言青：《莘县史鉴》，海洋出版社2005年版。

由表5-1可见，佃户所占的人数比重最大，其次是中农、地主和佃农，还有如商贩、雇工、阿訇（回族宗教头领）、厨师、教师等职业。村中不同阶层的人的生活差异很大，如一个有几十亩地靠收租度日的富农或地主家庭，他们的家庭消费水平是最低家庭消费水平的四到五倍；占有宽敞的四合院式的院落，家中有雇工和女佣，衣着光鲜，肉和蛋是其餐桌上的常见品；有能力送子女去省城读书，张鲁镇1949年之前出了几个大学生，均为当地主或富农家的子女。以下为在当地出生、现在北京某研究所退休的著名教授的访谈。

访谈：WJJ，男，84岁。

---

[1]　杜言青：《莘县史鉴》，海洋出版社1998年版，根据其中的文字数据整理。

　　我们家解放前在当地属于回族中的富农家庭，武姓在当地属于小姓，家族势力不是很强，但回族之间相互帮助，大家之间的感情还是很好的，我们家在张鲁镇的西街村，村里百分之九十以上的是回族，有马姓的地主。我母亲就是马姓，不过是从相邻的武阳县（今朝城镇）嫁过来的，我和邻家李姓的儿子同被送往县城里的高小读书，还在镇里的私塾读过，印象当时是镇上的蔡阿訇作为老师，还教古兰经文。我人生的转折点是去省城济南读齐鲁大学的文科。村里读大学出来的人除了我以外还有富农李家的一位姑娘，现在已经移居海外了。我的经历与当年的同为东昌府辖区内的季羡林季老先生有几分相似，季老家在现在的临清市，则是因为其舅父购买的当年的赈灾彩票获奖，有能力送季老去外边读书。所以在当时那个光景下，贫农家的子女别说出去读书，能解决温饱的已经不错了，还是国家贫穷。

　　根据回忆式传记《张鲁魂》的记载①，当时回族家庭经济状况要好于当地汉族家庭，这与回族好经商的传统密不可分。张鲁镇是烧卖的发源地，当地人的回族饭菜做得很好，做厨师开饭店的人不少。在 1949 年前有不少人去北平和东北从事回族餐饮生意，据介绍，20 世纪 40 年代的哈尔滨 40% 左右的回族餐厅是莘县回族过去的闯关东人开的，笔者祖父的亲兄长当年也闯关东，后来在牡丹江，早期从事的行业也为餐饮业。当时回族人的另一个谋生手段是贩卖牛羊。根据《莘县志》记载，早在清朝末年（光绪年间），当地的回族人就从事此类行当，因鲁西黄牛和当地的羊肉质较好，当地又有专门的牛马市场，不少回族人因此发财。

　　在土地改革过程中，回族群众以原来张鲁回民抗日救国会为基础，形成了诸多群众组织，其对土地改革的顺利进行有支持和帮助作用。比如回民民兵组织、回民妇女会、回民农会甚至回民儿童团等。据清真寺的蔡阿訇回忆：

---

　　① 延保玉、李寅堂：《张鲁魂》，聊城文广新局出版，内部资料，第 59 页。

访谈：CMQ，男，阿訇。

　　1948 年是当时我们土改最为坚决的一年，为了支持淮海战场上人民解放军的战斗，印象当年有两股浪潮，其一是参军潮，回民踊跃参军，参军后很受尊敬。其二是对地主阶级的土地斗争，当时我还是小孩，家里排行老四，我们回族小孩组成儿童团，当时的任务是帮助大人扫地主家的尾巴。怎么来扫呢，由于地主家里有存粮，但会藏在别处的院落，常常不会被农会发现，我们的工作就是做间谍，假装与地主家小孩交朋友搞关系，通过观察及时向大人汇报情况。印象当时我村有个地主在别村养了个相好的，把粮食和物品藏在其相好的那里，就是通过我们的观察，发现了这一线索，缴获了存粮。

　　回族群众组织为土地改革的顺利进行提供了保障，共产党在土地改革运动中动员社会力量极为广泛，已经渗透到儿童群体中去。另外，一般的经济政策与措施是不需要把社会全体调动起来，可以通过自由选择等经济杠杆来实现变革，土地改革则是通过意识形态以及半军事化的手段，对社会成员进行动员来实现经济的变革，这说明政治性的深入。可以说，政治已经深入农村社会政治与经济的方方面面，成为经济与社会生活的整合体。

　　土地改革带来农村土地及生产资料占有格局和占有方式的变迁，也导致乡村基层政治结构和社会秩序的根本转变。在新的农村基层权力体系下，政治性、暴力性与国家权力的渗入性是这个时期的特点。除了土地之外，地主和富农的生产资料也被大量剥夺，贫雇农得以解放并分到生产资料与工具，使生产要素得以重新整合，也迫使地主和富农不得不参加生产劳动，导致劳动人口的增加，提高生产效率，为正面战场提供强有力的后勤保障。这一时期张鲁镇创造土地改革与战场后勤保障相结合的完美经验，回族群众的口号逐渐由"保命保田"发展为"参军上前线，反蒋保庄田"。

　　土地改革是在中国共产党的领导下，在全国范围内按照先后顺序彻底铲除封建剥削制度的一场深刻的社会变革，新中国成立前，占全国面积约三分之一的东北、华北等老解放区已基本完成土地改革，消灭剥削制度。中华人民共和国成立初期，为彻底完成新民主主义革命的任务，并为社会主义革命和建设创造条件，在华东、中南、西南及西北等新近解放的地区（"新区"，所涉农业人口数和土地面积都占全国总数的2/3以上）继续开展土地改革运动。正如美国学者易劳逸在他的《毁灭的种子：战争与革命中的国民党中国》中写的："国民党在农村的失败是由于当局——无能力保证农民的土地、安全和食物——极大地削弱了农民对政府所持有的尊敬。"① 这就意味着政府正在失去合法性，也正如费正清在《中国：传统与变迁》一书中对于土地改革的意义的论述：取消土地私有制及由国家管理劳动力这两种做法可以追溯到唐初的"均田制"，这一制度均分土地的主要目的是通过有效地分配劳动力来增加政府的收入。②

土地改革运动从经济基础上彻底摧毁了地主阶级，同时也削弱了富农阶级。没收或征收的土地、财产全部分给贫雇农和部分下中农，使农民所得到的土地占到总面积的95%，基本上满足了农民对土地的要求。

二 合作化时期的经济变迁

在中国传统的农耕社会里，以小农经济为主要形式，强调以农村组织形式作为中国农村社会经济的主体。在农事繁忙的季节里几个关系较为密切、感情较好或者有血缘关系的农户，容易形成相互协作的关系，其实在乡村社会场域中，其社会关系更表现为迪尔凯姆所说的"机械团结"③，成员之间常会出现一种相互的联合和互动，这是基于成员之间的相似性和集体良知或者认同感而形成的。但是这种自发的互助行为并非是稳定的、有组织的，其具有暂时性和可变性。首先互助的对象和范围

① ［美］易劳逸：《毁灭的种子：战争与革命中的国民党中国》，王建朗译，江苏人民出版社2009年版，第121—134页。

② ［美］费正清：《中国：传统与变迁》，吉林出版集团有限责任公司2008年版，第47—50页。

③ ［法］埃米尔·迪尔凯姆：《社会分工论》，渠敬东译，生活·读书·新知三联书店2000年版，第25页。

具有局限性，常表现为关系较好的血亲关系；其次互助的形式和内容也会产生变动，有更多的不确定性。

随着土地改革的推行和成功，基本上实现了耕者有其田的目的。广大贫苦农民得到土地及生产资料，这极大地提高了农民的生产积极性，推动了粮食产量增收，随着粮食统购统销的实施，国家在中华人民共和国成立初期获得了休养生息的机会，获得了大量存粮，也意味着农民对自己的劳动产品不再有独立的支配和处置的权利。

农业合作化与集体化道路的开辟，是国家试图通过农村集体经济组织，来进一步控制和掌握农民以及农业生产，从而以农业化为基础，为实现工业化而推行的国家战略。以张鲁镇为例，随着土地改革的不断深入，以生产和劳动互助为主要形式的互助小组逐渐在全县普及，"土地制度的变革，意味着需要构建新的互助合作模式"[1]。自 1943 年开始，张鲁董杜庄村的曾广福首先设立了第一个互助组，根据访谈的记录，最初此互助组有 13 口人、14 亩地、1 头老牛、1 头小牛。为了提高抢收种麦的效率，此互助组开发了五种方法：第一，趁着别人家的空借用农具；第二，人与牛共拉犁耙以提高效率；第三，集中整地，一起播种土地；第四，按照耕种亩数均摊牲口草料；第五，干完活各自回家吃饭。四户农民拧成一股绳，起早贪黑连续干活，将十四亩土地适时耕种完成，为在境内发展互助合作社积累了经验。抗日战争后期，当地普遍组织"变工互助组"，解决生产与支前矛盾，其后兴办的互助组有常年、季节和临时等多种形式，相互帮助，互帮互助。到 1949 年初期，以莘县为例，就有 31400 多户参加了互助组，占到全县总户数的 59%。[2]

从理论与宏观层面来看，合作化时期的农业生产资料所有制开始从农户所有向合作社集体所有转变，大体上经历了从具有社会主义萌芽的互助组到半社会主义性质的初级社，再到社会主义性质的高级社这样一个逐渐转变的过程。互助组的出现到高级社的出现是国家从土地等生产资料的私人所有制向集体所有制的社会主义转变的过渡。

---

① 魏本权：《革命策略与合作运动——革命动员视角下中共农业互助合作运动研究（1927—1949）》，中国社会科学出版社 2016 年版，第 128 页。

② 数据和文字资料根据笔者 2014 年 2 月访谈资料整理。

根据张鲁转变的过程，首先在互助组阶段，其建立起来临时互助组或季节性互助组，目的是在组织和引导农户发挥集体的作用开展生产，加强互帮互助，从而解决农户之间的忙闲不均、劳力强度差别较大以及生产资料匮乏等问题。从产权制度的角度上看，互助组还在生产经营环节上实行互助，土地和畜牧以及农具等农副产品依然归农户个体或家庭所有。互助组在土地等生产资料所有权归属明确、产权界限清晰的前提下，农户响应党和政府的号召被组织起来，按照"自愿互利"的原则，以解决生产经营上的困难。

其次在初级社阶段，通过土地入股，农具等生产资料折价入社和集体统一经营使用的途径，农户实际上失去了对土地的控制权和对生产资料的部分控制权。按照国家规定，初级社"社员的生产资料，为社员私有"，但同时又对社员退社做出限制性的规定，社员如果退社，应在一年的收获完毕后为准。初级社这种农户既有土地及生产资料所有权但却无法实际控制，享有入社、退社的自由却又难以实行的状态，初级社的形成使得农村的产权所有关系具有一定的半社会主义性质。

最后是高级社阶段，按照全国人大1956年3月通过的《农业生产合作社示范章程》的规定，农户加入高级社，必须把原来私有的土地和成片的经济林地、耕畜以及农具等相关资料所有权折价转为"合作社公有，取消土地报酬"。所以说，高级社成为土地与农具的实际所有者以及使用权的所有者，而农户失去土地等生产资料的所有权，只保留有私有自留地、家禽以及部分生活资料。

因此，农业集体化与合作化过程中的土地、耕畜以及农具等生产资料所有权及其产权制度的演变可以概括为：互助组阶段，是以不改变土地所有权为前提，通过劳动互助来解决农户的生产困难；初级社则是以土地折价入社的形式部分改变土地所有权归农户所有；而高级社则是以土地无补偿的入社以及耕畜与生产工具等资料折价入社的方式，完成了农业生产资料所有权由农户所有向合作社集体所有的产权性质上的转换。国家则以此为基础，逐渐建立并完成由农村土地归乡村集体所有及城镇土地国有的城乡二元土地所有权的归属的转变（见表5-2）。

表 5 - 2　　　　　　　张鲁合作化过程中土地等生产资料所有权归属变化

合作社名称	互助组	初级社	高级社
张鲁南街村农业生产合作社	实行"以工换工"的劳动方式，具体来讲就是以劳动力与耕畜换工，一月统一结算一次，少做的农户向多做的农户付报酬，农具自带	土地入社后，按照劳动工分占到60%、土地股份占到40%的比例分红。大型农具折价入社	土地无代价入社，耕畜及农具等折价入社
张鲁北街农业生产合作社	不了解	土地入社分红，耕畜以及较大的农具折价归社，年终收益按照"劳六地四"的比例分配	土地一律归集体所有，不计算土地报酬，取消分红
张鲁马村农业生产合作社	组内实施"以工换工""耕畜农具租包""分季节核算"等方式进行劳动互助	小型农具私有，由合作社统一租用付钱。按照"劳六地四"比例分配	取消土地分红，实行按劳分配。大型农具及设备折价入社

资料来源：此表内容根据笔者2014年2月访谈记录整理。

由表 5 - 2 可以看出，张鲁由土地私有向高级社转变是一个循序渐进的过程。在互助组阶段只是无组织性简单的生产合作，具有社会主义的萌芽性质；初级农业合作社则是土地入股性质及统一经营的半社会主义性质的生产组织；高级社则是土地和主要生产资料集体化及完全社会主义性质的生产组织。

1949 年，莘县全县的常年互助组有 7876 个，临时性互助组 24442 个，入组户数占到总农户的 59%。1952 年，张鲁董杜庄村的曾广福领导的互助组率先转化成为初级社。莘县县委总结三个互助组转化为初级社的经验，认为必须具有以下条件：历史长、领导力量强和经济基础好。1955 年 10 月，毛泽东发表《关于合作化问题》的文章，莘县掀起合作化的浪潮，同年 12 月，曾广福领导的初级社带头转为高级社，全县一共建起了 78 处高级社，达到了"一乡一社一支部"的目标。

从 1951 年到 1957 年，从临时互助组到高级农业合作社，从土地改革到高级农业合作社，张鲁的互助合作化浪潮逐步达到高潮，全镇所有的农户进入了高级农业合作社阶段。"劳动互助与合作运动给乡村社会所带来的历史性变动深刻而持久"①，随着农业合作化的不断推进，当地的农村生产方式、社会结构和基层政权结构甚至民族关系都产生了巨大的变化，乡镇成为大社，张鲁由回汉两个民族构成，回族与汉族同在一个公社，共同劳动，共同生产，但因为民族风俗习惯不同，所以时常产生矛盾。

三 人民公社时期的经济变迁

1956 年年底，中国的农村以超乎寻常的速度完成了农业合作化运动，实现了生产关系上的革命，巨大的转变以及复杂的国际形势，使得当时的国家领导人对中国的局势有了新的认识，认为可以在很短的时间内超越欧美等发达资本主义国家。毛泽东曾说："中国经济落后，物质基础薄弱，使得我们至今还处在一种被动的状况，精神上感到还是受束缚，在这方面我们还没有得到解放。"② 这是当时中共中央发动"大跃进"时候的思想指导，在政治上翻了身的农民渴望经济上的翻身，期盼尽快致富。

张鲁人民公社于 1958 年 9 月 8 日成立，由 76 个原来的农业生产合作社合并而成，此时莘县原来 15 个乡已经被撤销。100% 的农民和耕地都属于人民公社了，政社合一的浮夸风也波及张鲁，1958 年，张鲁亩产达 100斤以上。1958 年 12 月，在"一大二公、越大越好""左倾"思想指导下，莘县建制取消，除了王奉、燕店两公社划归冠县外，其余划归范县，范县一度涵盖了范、濮、观、朝、莘数县的全部地域。当时山东省有句口号："学寿张、赶范县，苦干一年，跑步进入共产主义。"山东"五风"刮得最厉害的要数范县，其次是寿张县。以下为张鲁南街某老人的回忆：

访谈：LYT，男，退休干部。

> 1958 年的人疯了一般，社会主义的诱惑力太强了，再加上
> 当时天天搞吹风会，宣传敢想敢干，到处批判"生产到顶论"

---

① 魏本权：《革命策略与合作运动——革命动员视角下中共农业互助合作运动研究（1927—1949）》，中国社会科学出版社 2016 年版，第 244 页。

② 《毛泽东文集》第七卷，人民出版社 1999 年版，第 350 页。

"增产有限论""只有地产思想，没有地产作物；人有多大力，地有多大劲；人有多大胆，地有多大产"。村里的墙头全部被推倒，号称"夜不闭户和四通八达"。那时候的农业生产都和军事联系起来，搞大兵团作战，社员们都纳入营、连、排、班的编制里，吃住都在田间，白天看我们南街村的地头上那是红旗招展、夜里是灯光一片，深翻地，挖台田，用自制的轨道车运肥，男女老少都累得疲惫不堪，有人推着车就睡着了，还有的一锨土没挖起来就扶着锨打起呼噜来，只半年的时间人的精力就被折腾到极限，当时干农活时候有个口号："男学赵子龙，女学穆桂英，老大娘学佘太君，老大爷学黄忠，青年才俊学罗成，大跃进中逞英雄！"当时到处都是"青年突击团，铁姑娘团"，到处应战挑战，你喊我叫，万分恐怖，如果遇到消极者，当场拔掉"白旗"。有个姑娘团为了展示自己的大跃进拼命精神，一个个光脊梁干活。还有个村为了提高产量，使出各种绝招，我印象有片地为了增加亩产，村里杀了几十只野狗，又杀了几十只家狗，埋在地下，然后种上地瓜，结果，地瓜秧疯长，不知道啥原因就是不结地瓜，那个村的队长还因为此事，导致干事不力被拔了"白旗"，说来也是当笑话听。还有的村种小麦的时候，一亩地种下几百斤的麦种，他们是这样算账的，一斤麦种多少粒，一个麦粒长一个麦穗，一个麦穗又结了多少麦粒。这样一算，亩产数万斤是轻而易举的事情，结果呢，麦子种出来，麦苗长得如同马鬃，风一吹成了麦地毯。①

在意识形态为主导的时代，人们的意识往往由政治或者是宗教的形态所支配，只要与意识形态形式相一致，并不会思考其内容以及实际的意义，所以在"大跃进"和人民公社化时期，"假大空"成为一种潮流，是在当时的情形下一种典型的从众心理（见表5-3）。

---

① 根据笔者2014年2月的访谈资料整理。

表5－3　　　　　1950—1987年莘县粮食调入、调出情况① 　　单位：万公斤

年份	调入	调出	调拨差	年份	调入	调出	调拨差
1950	147	910	-748	1969	554.5	109.5	+445
1951	170.5	772.5	-602	1970	67.5	278.5	-211
1952	289	505	-224	1971	149	724	-575
1953	422.5	688.5	-266	1972	152	420	-268
1954	297	1535	-1238	1973	208	217.5	-9.5
1955	156	855.5	-699.5	1974	304	204.5	+99.5
1956	229.5	754.5	-525	1975	325	162.5	+162.5
1957	580.5	679.5	-99	1976	817.5	181	+636.5
1958	548	1569	-1021	1977	25.5	494.5	-469
1959	180.5	1282	+1101.5	1978	1128.5	199.5	+929
1960	1376	509.5	+866.5	1979	1077	89.5	+987.5
1961	2311.5	11.5	+2400	1980	3702.5	5.5	+3697
1962	1436	146.5	+1289.5	1981	3212	-	+3212
1963	1586.5	467.5	+1119	1982	1297	-	+1297
1964	1505.5	29.5	+1476	1983	4029.5	102	+3977.5
1965	2689.5	67.5	+2622	1984	904	638	+266
1966	2450.5	36	+2414.5	1985	143.5	2986	-2842.5
1967	1865.5	68.5	+1797.5	1986	55	2389.5	-2294.5
1968	1016.5	115	+901.5	1987	6.4	1535.5	-1529.3

　　由表5－3可以看出，1958—1959年，莘县粮食生产调入量要小于调出量，而从1960年至1969年，粮食的调入量要明显大于调出量，其中1961年，粮食调入量为2311.5万公斤，而调出仅为11.5万公斤，可见"大跃进"时期对当地农业的摧残有多严重，作为国家粮食主产区的鲁西北平原尚且如此，其他地方的情况可想而知（见图5－1）。

　　随着人民公社的广泛建立，思想与生活上的"大跃进"也广泛开展，其标志性的具体表现就是公社开始开办公共食堂。

　　从理论上看，公共食堂的出现确实能减轻人民公社社员的负担，可

① 山东省莘县地方史志编纂委员会：《莘县志》，齐鲁书社1997年版，第217页。

图 5 - 1　张鲁公社公共食堂（1958—1959）

以节省时间，增加劳动时间，把妇女从做饭等家务劳动中解放出来，增加一批劳动力。因此，其从理论设想上是行得通的，就相当于现在替人打工食宿全包，全心全意搞生产的类型，也相当于一种集体主义精神和生活方式的体现。但是在具体实践过程中产生了问题，公共食堂是计划用粮，但根据张鲁村民的回忆，当时的张鲁公社食堂管理是混乱的，人们首先对食堂了解不全面，不知道食堂有多少粮食可以吃，有些人放开了肚子吃，吃得快，有些人可能吃不上饭，甚至有时候饭菜的准备上不适合回族的清真餐的习惯，不能完全由阿訇屠宰的牛羊肉进入餐桌，引起广大教民的反感和抵制。所以就张鲁公社食堂来说，无法解决用量问题和食堂民族饭菜的卫生问题，导致公共食堂在1958年年底关门。失败的深层次影响因素是因为农村的基本生活单位是家庭，以公共食堂代替家庭作为基本生活的主体，就剥夺了家庭作为主体的功能性的可选择性。食堂可作为家庭食宿功能的辅助，但要求每个人统一到这个主体中未免牵强。时至今日，笔者能从回族年长者的回忆中感觉到他们对于干部和群众的痛恨，他们为讨好上边，虚报数据，搞大食堂，最后导致三年自然灾害，饿死很多人。

张鲁公社由76个原合作社组合而成，而作为回民的聚集区，则由张鲁北街、张鲁南街、张鲁中街、张鲁西街、张鲁东街五个大队形成。五个大队回族人口占到99%以上，在具体的公社管理上，实行了统一领导，队为基础，分级管理，权力下放，三级核算，各计亏盈，分配计划，由社决定，适当积累，合理调剂，物资劳动，等价交换，按劳分配，承认差别。人民公社初期实行了三级所有、三级核算以及队为基础，也就是说土地等生产资料归公社、生产大队和生产队所有，属于集体所有制。在生产和分配核算方面，实行三级核算，统一分配，其中队为核算的基础单位，如果大队的规模比较大，就以生产队为基础，如果生产大队规模不大，就以其为基础。在张鲁几个街区大队形成了一个总的大队，管理在总大队，而分配管理在街区大队，以队为基础，实行口粮和劳动工分相结合的分配方法，而这种分配方法的基础是工分制。先说评工分，每到年底，生产队就会组织参加劳动的社员评工分。评工分的原则一般是成年男子每年按8—10分计算，成年女子按5—7.5分计算，未成年人根据情况而定，最低2分。社员们就根据这个原则按照每个社员在生产队的能力、表现进行评定。有一种情况是不参加评工分的，就是外出劳动或承包某工作的工分是事先讲好的，这些劳动和评工分就没什么关系了，你该得多少就按事先约定的给。

1959年，张鲁南街大队每个青壮劳动力的日工分是10分，成年女子7分，未成年人为2—4.5分。除了参加生产劳动，后来又增加了根据社员政治表现即参加政治学习、开会等公共集体活动的状况而评的"政治工分"。

从理论上，工分制度主要关注劳动者在年龄和性别上的大体一致而忽略了个体的差异和实际劳动上的差异，由于强调社员在经济收入上的平均性而忽视了其在生产劳动过程中及创造财富能力的差异，干多干少一个样，极大地挫伤了能力高的社员的积极性。

在张鲁人民公社时期，还存在着其他形式的工分制度，主要包含以下三种形式：大队工、义务工和投肥工。[1]

大队工是每个生产小队被生产大队抽调人员完成的生产大队的工作，还包括大队干部完成的工分。大队工相对应于小队工，我们常常说的工

---

[1] 当年张鲁工分形式中的内容和数据由笔者2014年2月对张鲁南街支书蔡某及村中老人马某、李某、沙某的访谈记录整理。

分可能笼统地讲是在生产小队完成的工分，但在生产大队每年也需要抽调一定的人员完成大队公共建设等各方面的工作。在计算方式上，二者有明显的不同，小队工是指每天由生产队长分派，每天收工后，生产队长及生产队会计负责记录每个社员的工分。实际上，记分员记录的并不是每天实际所参加分配的工分，通常一个男青壮劳动力一天记 10 个工分，但这 10 个工分是按照早上和上午、下午来分配的，出早工一般记录 2 工分，上午和下午各记录 4 工分，比如其只上午出工那就只记录 4 工分。大队工中占很大一部分的是大队干部的工分，以张鲁公社为例，每个生产大队包含大队长、大队会计、民兵连长、治保主任、妇联主任等，他们的工分是不在生产小队完成，而直接由生产大队干部记录然后年终转移到生产小队汇总核算的，但这些大队干部由于经常外出开会，参加各种各样的政治活动，所以他们每年并不能同平民老百姓一般参加每天的出工劳动，如果同平民老百姓记录同样的工分的话，则会产生人民内部矛盾，大队干部只是开会及开展各种政治活动相当于脑力活动而与重体力劳动相同，久而久之老百姓就会有怨言。根据笔者对当年的回族老干部的访谈，从中了解到确实有部分群众产生过怨言，认为大队干部是特权阶层，但是敢怒不敢言。后来记分方式有所调整，即大队干部的工分取所在生产队一年工分最大值与最小值的平均值，比如说生产队一年中有人最多干了 340 天，最少干了 300 天，那么大队干部就记 320 天，但是同生产队不同的是，生产队每人每天不一定都能完成 10 个工分，但大队干部每人每天都记录 10 个工分，大队记分员有个记录本子，上面明确地记录了大队干部每天的活动行程，开了什么会，做了什么事情，虽然也有记录劳动时间的只言片语，但是对于年终核算总工分没有任何意义，实际上由于各种各样的政治运动对经济活动的侵扰，大队干部每年参加劳动的时间最多只有一个劳动人口年劳动量的一半左右，其实某些大队干部也想多参加劳动，因为很多大队干部都是青壮年，最后他们的工分会汇入家庭总工分中，也影响各自家庭的年终收入。这种大队分是干部和群众都有怨言，但也没办法，在那个年代，政治挂帅、运动繁多，这种情况一直持续到家庭联产承包责任制时期。除了大队干部，在大队工作的社员、运输员以及公社教师等也在大队记工分。还有一些临时性的大队工，这些会抽调各生产队的人员参加，也在大队记录工分，比如参加挖河和护路以及民兵活动等。大队工的存在影响了社员的劳动积极性，它被认为是人民公社时期集体劳动中普遍消极怠工的重要制度根源。大队工数量的增加，也增加了农村集体经济管理的负面影响，其对当时经济发展的破坏力不可低估。

投肥工是指社员的粪肥给生产队所得的工分。对农户交给生产队的肥料给予一定的报酬。这种记工分的方式早在初级社的时候就已经形成了，到张鲁人民公社时期尤为推崇。生产队会派专人去社员家起粪，粪类按照筐来计算，根据访谈的资料显示，羊粪 1 等的记 6 工分，羊粪 2 等的记 3 工分，羊粪 3 等的记 1 工分，每只羊每个月的投肥量不超过 40 工分；人粪 1 等的记 6 工分，2 等的记 5 工分，3 等的记 4 工分，4 等的记 3 工分，5 等的记 2 工分，6 等的记 1 工分。灰肥 1 等的一筐记 5 工分，2 等的一筐记 4 工分，3 等的一筐记 2 工分；牛马粪肥一筐记 5 工分。在年终的时候，投肥的工分记入每家的总工分中，所以在那个年代，张鲁的回族家庭每家多养两只羊及牛马，基本相当于一个弱劳动力的工作量。①

义务工是每个社员按照公社的规定所摊上的义务工，基本上为一年 10 个工分，但这种义务工不是白白给公社干活儿没有工分，即每个公社规定每个社员需要摊上几个义务工，社员在生产队参加劳动，得到工分参加分配，在年终结算的时候，生产队就从他的总工分里扣除义务工数，之后把义务工数算到大队的总工数里。

1958 年建社初期，以公社为核算单位，统一组织生产和分配，收益分配实行工资制度和供给制度，吃饭、理发等不要钱，一概由公社负责安排，劳动力分为全劳、半劳、附劳三类，按月发工资，全劳力每月 2.5 元，半劳力每月 1.5 元，附劳每月 0.8 元，但是工资不到半年就发不出来了，所以供给制度占到了社员收入的 80%—90%。1962 年后以生产队为基本核算单位，实行口粮和工分相结合，口粮的分配有"人三劳七""人四劳六""人劳各半"等多种形式，"人三劳七"，也就是说 30% 的收成是按人口出售，70% 是给参加劳动的人按照工分的比例进行出售，这也就是人们俗称的工分粮（见表 5 – 4）。

---

① 根据笔者 2014 年 2 月的访谈记录整理。

表 5 – 4   张鲁回族公社 1957 年、1961 年部分
农作物亩产增减情况   单位：公斤

农作物	1957 年亩产	1961 年亩产	1961 年相比 1957 年减少
小麦	174.5	65	109.5
谷子	132	73	59

张鲁镇在进入人民公社时期之后，与全国的农村一样经历了"大跃进"运动，生产面临巨大的危机，这直接导致了 1959 年、1960 年、1961 年的三年自然灾害。由表 5 – 4 可以看出，1957 年与 1961 年相比，张鲁回族公社的农作物有巨大的减产，除当年的天灾外，人为方面的因素也不容忽视，因当时的政治浪潮直接改变了生产关系，破坏了生产力。正如下面个案访谈所言：

访谈："大家都无心干活，都在想方设法完成任务，但是任务是不可能完成的，因为那都是吹出来的。所以大家都想瞒上欺下，不想好好干活，特别是军事化的'大兵团作战'负面影响更深，大兵团作战就是好几个生产大队集中人力和物力，轮流到某地开展生产，其是按时间计划实施的，结果到某个地方地还没有翻好，就要上肥料，抑或是种苗，所以导致生产顺序的全部混乱。最后栽上的秧苗都死掉了。"

在张鲁回族群众回忆当年的历史时，他们更多的是感觉有一种力量在束缚和规制着他们的行动和自主能力。这种操控能力来自多个方面，但主要来自外部，在那个年代，政治运动无处不在，对村落产生巨大的影响，而这种力量进入村落内部后发生裂变，但是这种政治性、意识形态的力量进入乡村社会后，乡村的经济、社会与社会文化生活会逐渐政治化，社会经济生活的政治化的后果是社会经济行为趋于非理性，也就是说，人们在选择做出自己的行为时，首先考虑他们的行为是否符合意识形态的要求，即在官方看来是否合理，除此之外，政治权力在社会与经济生活领域发挥了很大的功能，在经济生产的每个环节，都有了政治的干预性。所以在这种社会形势下，与其说大集体和平均分配使得农民不想付出劳动，还不如说在权力干预下，农民不能更好地为生产做贡献。

张鲁公社是一个封闭和独立的生产单位，其内部在某些时期会出现一些不和谐和不团结的因素，比如宗族、民族等问题，由此会影响生产

活动，但在出现危机、每个成员都有生存危机的情况下，其组织可能会自我调节内部关系并最终达到和谐团结。

作为民族聚集区，张鲁镇会受到上级的异常"关注"。

强调伦理和道义是小农经济的基本特征之一，詹姆斯·斯科特在研究东南亚小农经济时，考察了小农的这种经济行为与农民反叛之间的关系：以生存为目的的农民家庭经济活动的特点在于，与资本主义企业不同，农民家庭不仅仅是个生产单位，而且是个消费单位，根据家庭的规模，它一开始就或多或少地有某种不可减缩的生存消费的需要，为了作为一个单位存在下去，它就必须满足这一需要。在"大跃进"后期，面对恶劣的自然环境和农民的生存状态，张鲁的回族村民需要有特殊的应对措施，那就是每家每户的副业（贩羊），所以，即使在当时的政治性强嵌入的时代，当地农民也保持着自己的"弱者的武器"的手段，以保障基本的生存。

农村人民公社化和集体化运动，其实质意义不仅是一场经济制度和社会结构的转变，也不仅是一种经营组织和管理方式替代为另一种组织和管理模式。人民公社在全国农村的普遍确立和运行，从形式上看与以往的乡村组织有很强的关系，即公社基本上以乡镇为主，生产大队以村为基础建立，但是在结构和各自的功能上，公社、大队以及小队与乡、村、组又有很大的区别。在人民公社化运动中，人们的社会生活方式发生了根本性转变，经济活动与日常生活越来越具有强烈的政治色彩，甚至连生活方式也趋于政治化。

知识青年上山下乡同回乡包生产队整整影响了一代人的生活，那是一个火红的年代，知识青年上山下乡作为一个潮流成为那个时代的标榜。这场运动始于20世纪60年代止于1979年，"文革"前期开展这项运动主要的方式是自愿参与，下乡人数少。"文革"后期则具有强制性，下乡人数多，批次也比较集中，因而被称为上山下乡运动。新中国成立初期，中国大地上满目疮痍，农村文化十分落后，在农业合作化时期、人民公社时期连个会算账的会计都很难找出来，有文化的人很少，高小毕业的人（初中生水平）就算是很有文化的，这种情况直接影响了党在农村各种工作的开展，也制约了新型科学技术在农村的普及。毛泽东曾在1955年《在一个乡里进行合作化规划的经验》一文中谈道："农村是一个广阔的天地，在那里是可以大有作为的。"这句话成为动员知识青年上山下乡的重要依据。

其实今天的大学生村官也如同当年一般，笔者在访谈当年的张鲁回族公社老知青时，和他们犹如知己的感觉，那是为何？因为笔者也曾经经历过背着行李去往农村，被农村干部接走的经历——大学生村官。只不过时过境迁，现在的状况和当年已经今非昔比。张鲁最早接收的是回乡知青，所谓回乡知青就是农村老家有祖父母、外祖父母等近亲的城市知青，离开在城市工作的父母，到近亲所在的农村安家落户。到1969年年底，开始接收来自济南和北京等地的下乡知青。据不完全统计，1968年至1976年，张鲁公社申官目大队、刘庄大队、后耿大队、房庄大队、石元町大队、索町大队、张鲁南街大队、任堂大队八个大队共接收回乡、下乡知青113名。

访谈：ZHD，回族，69岁，男。

我是1968年响应国家的号召回到家乡落户的。我出生在张鲁南街，依靠家里的支持和个人的努力考上了县重点中学，现在称呼我们叫"老三届"，我是"老高二"。"文革"来临之后，学校关门了，我去南京、上海参加过一段时间的串联，吃饭坐车不要钱，后来国家不让串联，我就回到了莘县老家，亲眼见证了当年的莘县农村工作部部长刘道源同志被箩筐抬着游街示众最后被揪斗致死的惨状，看到过1968年几千人在莘县武斗的场景，处于无政府状态。那时候印象天天搞"三忠于"（忠于毛主席、忠于毛泽东思想、忠于毛主席的无产阶级革命路线）、"红海洋"（把能刷的地方都刷成红色，写上毛主席语录）、建"主席台"（画有毛主席像或者写有毛主席语录的照壁），搞"早请示、晚汇报"，开会前背诵"老三篇"（《为人民服务》《愚公移山》《纪念白求恩》），人人都像打了鸡血似的。1968年底，毛主席号召知青上山下乡，我回到了张鲁公社南街大队，当时一共有13名知青，有7名本地知青，5名来自济南，1名来自北京。我们住在大队专门修建的"知青屋"里，和社员们一起参加农业劳动，有时还参加挖河劳动。男知青每人参加一天劳动获得8—10分，女的每人获得5—7分，具体的工分评判由个人申请，大队干部集体决议，增加了毛泽东思想学习的"思政工分"，每月初统一计算上月的具体工分数目。一年大约上工200多天，其中还有重要的一部分工作是挖河，从张鲁北部的马颊河开挖支流作为灌溉明渠，这是一项重点工程，张鲁公社当时每年都会派一批青壮年劳动力拓挖引水灌溉明渠，同时还要打机井挖地下水。我还参加过县里组织的一次赴外地学习，去了湖南株洲。按照当时的政策，知青满三年可以招工、升学、入伍。我们大队有7名知青考上大中专院校，还有一名考上清华大学从事医学专业的学习，还有3名知青参军入伍，当然还有一部分招工就业，到县棉纺厂等企业工作。考上大学的如现在的尹薇成为山东大学党委副书记、李居中担任山东大学工会主席、向秀珍担任聊城文化局副局长、孟素华担任莘县副县长等，都成为我们那批知青中的佼佼者（见表5-5）。

表5-5　　　　　　　　1969—1974年张鲁回族女知青劳动收入

时间（年）	劳动天数（天）	总工分（个）	劳动日价值（元）
1969	135	525	0.14
1970	196	794	0.16
1971	221	1121	0.24
1972	248	1310	0.21
1973	124	631	0.23
1974	180	900	0.31
总计	1104	5281	0.21

资料来源：《莘县历史人物传记》。

由表5-5中可以看出，通过一名张鲁普通回族女知青的收入，可以看出人民公社时期当时农民收入的水平很低。

纵观人民公社时期的张鲁回族经济，笔者从中可以得到以下认识。在政治运动对经济的嵌入性较深的时候，很大程度上压制了当地回族群众善于经商的民族特色，劳动成果分配的平均主义又严重影响了生产力的发展，阶级斗争的政治主流价值观体系左右了人们的选择，降低了劳动效率。张鲁同样受政治的影响，农业经济发展受到摧残，农村的文化体系建设落后，政治挂帅、共产风、浮夸风盛行，直接导致了三年自然灾害，张鲁回族经济被全面破坏。虽然后来随着国家政策和中央政府的资助，经济有所好转，但一直到20世纪70年代中后期，经济一直处于低迷状态，亟须经济与社会建设的重构。

四 家庭联产承包责任制时期的经济变迁

中共十一届三中全会以后，国家农业政策逐步放宽，对不适应生产力发展的经济体制进行改革，农民有了生产经营自主权，农村经济得到快速发展。1979年，张鲁公社部分生产队在农业生产上实行作业组、小段包工、联产计酬等相关责任制形式。1980年，在坚持"所有制不变，核算单位不变，统一分配不变"和统一计划、耕种、投资以及牲畜调配方面，农业生产责任制度在全公社逐步推广。1982年，张鲁全部实行家庭大包干生产责任制，中共中央（84）1号文件下达后，延长土地承包制度，按照大稳定和小调整的原则，针对人口劳动力变化较大、地块过于零碎的状况，进行了适当的调整，完善责任制形式，稳定人心，调动了农民培养地力着眼发展的生产积极性，粮棉油的产量大幅度增长，基本解决了温饱问题。1985年，农业生产责任制进一步完善，张鲁涌现出许多以棉花、粮食、油料、蔬菜、果树为主的种植专业户和牛羊鸡等养殖专业户以及各种形式的经济联合体。1986年开始，张鲁开始实施口粮田、责任田和宅基地"三田"承包责任制，一部分村、队土地开展向种田能手集中。

张鲁的家庭联产承包责任制经历了"小段包工""联产到组""联产到劳""包产到户"和"包干到户"等几个方面的变迁。在家庭联产承包责任制初期，张鲁公社实行过一段时间的"小段包工"。"小段包工"一般是按照临时或季节性包工的形式，生产队根据社员完成任务的好坏，同工分相联系，但不直接与产量挂钩，完成的质量常常被忽略。比如按照秋收或夏播时节进行任务的派发，按照任务的性质进行包分，比如某个时间段需要多少工程量及劳动力，按工程量根据所需劳力进行下发，如果完成后则算总工完成，不按完成质量核算。"联产到组"是指"五定一奖"制度,即联产计酬承包的初级形式,生产队划分为若干个小的生产作业组,对每个作业组实行定劳动力、定地块、定产量、定成本、定劳动报酬和超额完成产量的奖励方法,产量减除的受到惩罚,有全部作物联产到组和单项作物联产到组等形式,这种生产方式在一定程度上解决了集体劳动中的"缺斤少两"及平均主义大锅饭的弊端。"联产到组"于1979年首先在张鲁回族公社开始实施,到1981年以后,逐步被联产到劳、联产到户等形式所取代。当时在回族群众中形成的"联产到劳""包产到户"比较类似,是承包责任制初期的一种联产计酬承包的形式,由生产队根据劳力和土地情况,确定劳力承包的土地数量、产量指标以及劳动报酬,包产以内的产量由生产队统一分配,超产的部分由承包者个人所有,而"包产到户"以农户为单位向生产队承包生产任务的家庭联产承包责任制形式,到1982年后逐步被"包干到户"所取代。"包干到户"是指以农户为主要单位向生产队承包生产任务的责任制形式,这种方法取消了统一核算、统一分配,由农户自行安排各项生产活动,产品除向国家交纳农业税、向集体交纳积累和其他提留外,剩余完全归承包者所有。这项制度的口号为"交够国家的,留足集体的,剩下都是自己的"。这一制度的目的在于改变农民生产积极性的低下状态,改革农村集体耕作的弊端,这种责任制形式以"责任最明确、利益最直接、方法最简便"而受到农民的普遍欢迎。

1979—1984年,是张鲁回族公社实施农业联产承包责任制的关键时期,随着"大包干"的逐步推进以及棉花种植面积的逐步扩大,随着联产承包责任制的推行,张鲁从根本上解决了温饱问题,开始走上富裕的道路,也为后来的农业经济结构调整奠定了基础。

当时莘县制定了"十五条","十五条"中最突出的内容是"普遍建立严格的生产责任制",坚决摒弃"人七劳三"的分配模式,粮棉油生产可以实行"四小管理",也可以在生产队"五统一"(计划、耕作、排灌、大型农机使用、核算分配)下执行,也实行"五定一奖"(定劳力、定地块、定产量、定成本、定报酬、超产奖励),95%以上又回到了以生产队为核算单位,90%以上的生产队搞起了"五定一奖"和"四小管理"责任制,98%以上的生产队退回了自留地。除了"包干到户",张鲁还响应县委号召调整农业产业结构,形成了"粮棉一齐抓,重点抓棉花"的

口号，比如在县委的支持下发展"鲁棉一号"良种的培育，使得棉花的
种植面积逐年扩大，农业生产的大发展又反过来证明了联产承包责任制
的威力巨大，过去那种"干活磨一天，评工分吵一晚，收成好坏都不
管"，变成了现在的"走到地里天不明，不见星星不收工"。实行联产承
包责任制后，张鲁回族公社农民开始找到了几十年都没有找到的主人公
的感觉，有农民将这一变化称为"土地改革"后的第二次解放。我们可
用一些数字来表现这个变化：

> 1978 年莘县粮食总产 3.84 亿斤，人均 584 斤；1983 年总产
> 5.53 亿斤，人均 772 斤。1978 年莘县棉花亩产 38 斤，总产
> 8.45 万担，人均交皮棉 12 斤，1983 年亩产 136 斤，总产 84.5
> 万担，人均交皮棉 110 斤。这使得莘县在 1983 年成为全国棉花
> 百强县之一。社员人均收入，1978 年为 37.4 元，1983 年为
> 355 元。①

张鲁回族公社在实行家庭联产承包责任制后，最让回族老百姓感到
高兴的是，"夏季粮食解决吃的，秋季粮食解决喂的，棉花收入解决花
的"。农民生活从"吃瓜干，住土房，小鸡屁股当银行"转变为"吃白
馍，住砖房，人人穿着的确良，有了余钱存银行"。外出要饭的回来了，
村容村貌和人们的精神状态也逐步改变，从过去的"三靠"（吃粮靠统
销，花钱靠救济，生产靠贷款）转变为"靠三"（三中全会精神）。

由此可见，在中共十一届三中全会召开后的 5 年间，从 1978 年至
1983 年，张鲁公社在推行"包干到户"及农业产业结构调整这两个策略
下，农业生产发生了翻天覆地的变化，为张鲁回族公社农业经济未来的
发展奠定了坚实的基础。

家庭联产承包责任制时期的张鲁回族公社焕发了农业经济的活力，
重获生机，为未来经济的发展奠定了坚实基础，为未来开展多种经营道
路奠定了基础。政治性因素对当地经济的影响力度越来越小，一直到
1984 年撤销公社建立乡镇建制之后，经过多年的发展，促进了农业经济

---

① 山东省莘县地方史志编纂委员会：《莘县志》，齐鲁书社 1997 年版。

大发展。

1984年，张鲁回族镇建立后，在初始阶段，尽管农村经济发展形势良好，但在发展过程中同样存在一些问题，主要表现为三个方面。

一是经济总收入增加，但农民的纯收入减少。尽管农业收入比以前增多，但由于粮棉收入减少，农副业和多种经营只增收，而工业副业和多种经营成本较高，利润比粮棉低，所以农民人均收入比往年有所减少。

二是自然资源没有充分利用，农业生产结构有待进一步合理化。1985年粮棉收入所占比例下降，多种经营总产量上升，但多种经营中重点扩种了经济作物且发展了畜牧业，而林业与水产业收入在总收入中占比较低，因此，大力发展林渔业仍有相当空间。农业生产结构还有待进一步调整，加之当时棉花减产，很多农户不了解减产棉花的新情况，找不到增加经济收入的新来源。

三是收入不平衡，贫富差距呈现拉大倾向。1984年全镇收入较高的农户一般在人均732元，收入低者却仅有300元左右。

可以看出，在张鲁建镇成立的初期，以上这些成绩与问题主要来自农业经济结构调整过程中催生的动力与结构调整还不到位，表明了依靠农业经济结构调整与发展多种经营是全镇经济发展的方向，在结构调整中实现持续发展与共同富裕，是全镇经济发展的道路。镇政府认识到这一点，针对农民重视种植业、忽视多种经营的经营习惯，在保证基本粮棉种植基础上，重点抓林、牧、水产业的生产，并以此带动加工业和第三产业的发展。至此，全镇明确了农业发展的方向并取得了初步成效，在农业经济结构不断调整的基础上，实现了农村经济的不断增长与发展，也成为全镇经济发展的引擎。

第三节 改革开放后的回族经济变迁

从1985年至1995年，经过10年左右的农业经济结构调整，张鲁镇农业经济进入多轨道的快速发展阶段。逐步形成以蔬菜等经济作物，果园、畜牧业等多种经营为主导的农业支柱产业的发展，以食用油加工、皮毛产业加工、生物化工、木材加工及特色民族民营产业共同发展的乡镇工业化发展道路。而近年来，随着农业产业化经营的浪潮，回族经济的发展更趋于多元化。

一　回族的生计方式变迁

生计方式是文化人类学、社会学、民族学的学术名词,"其实质也是指维持生存的手段"。[①] 改革开放以来,张鲁镇回族群众的生产、生活方式均发生了翻天覆地的变化,从依靠土地维持生计,到依托市场经济衍生的多元化生计模式,张鲁镇回族的生计方式经历了深刻的变化,体现了回族群众、土地、市场之间的复杂关系。

(一) 依靠土地过活的生计方式

从事这类生计的当地回族同胞,主要从事纯农业生产,是传统意义上的农民。他们承包集体所有的土地开展家庭的农业经营,农业成为他们唯一的生计和收入来源,目前他们是当地回民中工作最苦最累、收入较低的社会群体。而少量承包较多耕地和林地开展规模化种植和养殖的农户则较为富裕,他们逐渐成为当地回族从事农业职业化经营的职业农户的代言人。根据《2014 年张鲁回族镇经济与社会发展概况》中的数据显示,在全镇 1100 户回族家庭中,从事规模化农业生产的为 87 户,仅占总比重的 8%,另一个极端是温饱型或略有结余的劳动者,他们只是耕种集体耕地,拥有少量牲口和简单农具,这些人主要是由于上了年岁或者身体不适等原因,无法兼职副业,土地所得较为有限。

(二) 离土不离乡的生计方式

"离土"是指回族同胞的收入主要来自各种非农业的生计方式,"不离乡"是指回族同胞不离开家乡。该群体主要从事个体经营,他们占有一定的生产资料,手里有富余资金,以个体劳动和个体经营为基础,从事诸如运输业、餐饮业、工业、服务业等行业,是回民里的能人,在某方面具有技能或经营能力。还有一批人是在本地的企业或工厂打工,由于家庭的特殊原因,未能外出打工,在村落周围从事短期的劳动,他们做工时间上往往比较灵活,中青年妇女占这部分人中的大多数,工作地点主要集中在村庄周围的榨油厂、食品厂等。

---

① 李劼:《生计方式与生活方式之辨》,《中央民族大学学报》(哲学社会科学版) 2016 年第 1 期。

（三）离土离乡的生计方式

该生计方式意味着回族同胞远离土地、远离家乡，而且生计活动的范围也不在乡土，离开家乡农村，走向城市。张鲁的回族同胞主要在聊城、济南、北京等地从事第二或第三产业，基本从事建筑、服务、搬运、物业和保安等服务业工作。其中不少精英还扎根城市闯出自己的一番天地，比如大连清香阁海鲜饭店的何老板，在北京从事牛羊肉屠宰加工的北京坤达商贸有限责任公司李老板等。他们的工作强度相对较高，工资待遇也高，但是很多具有流动性，随着农忙时节的来临，又要回家乡从事农业劳动。大部分人认为，在异乡赚钱之后，还是要回到家乡发展或养老。

（四）技术型及管理型的生计方式

技术型生计方式是指依靠智力劳动或者专业技术谋生，主要从事农村教育、医疗、文化等方面的工作，依靠该生计方式的回族同胞往往是受教育程度较高的人群，他们有些受过专业知识的训练，如在张鲁本斋中学工作的回族教师、在张鲁医院从医的回医等。管理型生计方式是指在乡镇政府任职、在村里任职的当地回族管理人员。

二　回族农业的新发展

改革开放以来，张鲁镇的回族农业经济与中国其他地方的农业经济一样，在农业家庭经营的基础上，新型的农民专业合作社经济、股份合作社蓬勃发展，以种植业为主的农业经济结构发生深刻变化。

（一）传统农业经济变迁——新型农业合作社

随着中共十一届三中全会的召开，全国进入经济发展的快车道。张鲁镇的农业和农村经济借着改革开放的春风也蓬勃发展，形成多种经营模式并存的农村经济发展格局。

改革开放以来，张鲁镇一直保持着良好的农业生产势头，粮食作物播种面积、总产量与单产一直保持在适中的水平。张鲁镇的主要粮食作物是小麦和玉米，在近十几年的粮食作物结构调整中，两种主要粮食的播种面积与产量也发生了明显变化，两者相比，无论是播种面积还是总产量以及单产都有较大幅度的改变。首先，张鲁镇在粮食播种面积方面，呈现粮食种植面积下降的趋势，两种主要的粮食作物的种植调整以及由于育种技术的提高和相关科学技术的投入使得单产提高，粮食的总产量基本维持在一个适中的水平上。其次，除了粮食作物外，经济作物等相关副业也取得长足的发展。20世纪末，张鲁镇形成了以蔬菜、畜牧业、水果和林业为主导的四大产业。截至2010年，全镇蔬菜种植已经达到1.2万亩，果树面积5000亩，西北部林业涵养区1.1万亩，这一发展都为张鲁农业的发展奠定了坚实的基础，加上国家民族政策的扶持，张鲁经济结构日趋合理。

改革开放后，张鲁镇的新型农村合作经济也蓬勃发展起来。合作经济是市场经济的产物，迄今已经有150年的历史了，它与以往的合作组、初级社、高级社、人民公社组织有本质上的区别，主要体现为所有制的不同，合作经济是一种合作社员合作共有的经济形态，而集体经济是群体共有和社会共有（见表5-6）。从1978年12月安徽凤阳县小岗村由农民自发兴起的包干到户拉开了我国农村经济体制改革的序幕。党的十一届三中全会后，我国农村开始了以市场经济为目标取向的农业经济体制改革，建立了农村家庭联产承包经营制度，改变了农民与土地的关系，使得农民的利益与土地产出直接挂钩，极大地调动了农民的生产积极性。与此同时，新型的农村合作经济有了长足的发展，1983年前后，农村出现了多种形式的联合体，特别是农户专业化分工的发展，各种专业户、专业村不断涌现，农民对技术、生产服务的需求呈现多样化，所以涌现了一批专业合作社。

表5-6　　　　　　　　　　合作经济与集体经济的区别

主要特征	合作经济	集体经济
所有制	部门的合作共有	群体共有，社会共有
经济主体	合作社	集体企业
生产制度	依照协议约定，试行适量适用的共同经营	依照政策实现标准化、规格化
经济机制	约定协议互利互助机制	计划机制和集体分配
组织原则与决策管理	自主参加，分权管理	集权管理
资金积累	合作积累和再分配	统治的积累和再分配

续表

主要特征	合作经济	集体经济
经济动机	追求共同利益	福利与公平
基本价值观	互助、互惠、平等、公平	社会平等
社会结构	成员内部民主、公平	维持人为的社会平等

在家庭联产承包责任制的经营背景下，如何更好地克服中国当前农户分散经营的局限，有序地引导农户和市场接轨，走向专业化、商品化和现代化，实现农业增产和增收，是改革开放后中国农业发展需要解决的问题。在市场经济条件下，分散的农户经营不利于抵御经济风险，而农民专业合作社则具有很强的抗风险能力。国内外关于现代农业发展的成功经验就是在农产品生产和加工以及流通领域大力发展农民自己的专业合作社，从而把家庭经营同合作经营的优势有效地结合起来。从世界范围上看，合作经济组织已经遍及社会的各个领域，比如美国中部平原地区的粮食与蔬菜以及水果合作组织等。

农业合作社的性质就是在社会主义市场经济条件下，在实行家庭承包经营制度的基础上，广大农民为解决生产经营中的信息、技术、资金、生产资料供应、农副产品销售等方面的实际问题，由从事同类或者相关农产品的生产经营的农户，依据加入自愿、退出自由、民主监督、盈余返还的原则，按照章程约定进行共同生产、经营、服务活动的互助性经济组织。

党的十六届三中全会明确提出，支持农民按照自愿、民主的原则，发展多种形式的农村专业合作组织。2004 年中央 1 号文件进一步提出了鼓励发展各类农民专业合作社的具体政策。2006 年 10 月 31 日，十届全国人大常委会表决通过了《中华人民共和国农民专业合作社法》，并于 2007 年 7 月 1 日起正式实施，这些政策法规的实施有力地推动了我国农民专业合作化的发展。

张鲁的农村合作经济发展较好，相较于其他的汉族村落，具有一定的特色，比如小尾寒羊养殖合作社、冬暖大棚蔬菜养殖合作社、杏鲍菇养殖合作社、林下养殖生产合作社等。

访谈：MCY，男，回族。

　　张鲁镇马北村附近靠近山东冠县一带是莘县的森林涵养区，号称马西林场（马颊河以西）。笔者在调研访谈时，访谈了当地的马元成（化名）家，他包了200亩杨木林，发展林下养殖，与同村几个发展养殖的人员共同合作成立了林下养殖生产合作社，形成了规模养殖，养殖小尾寒羊及土鸡，土鸡每年出栏两批，饲养周期为半年，一共出栏3000只。小尾寒羊一共饲养300只。他最爱看的是中央七套的《每日农经》和《致富经》，他始终认为只有好的产品才能有市场需求和好的价格，这样的想法也让他陷入了一个困境，供货周期长，数量不大，无论是大型超市、直销点、农贸市场等，要么因为数量问题，要么因为价格问题，始终无法完全打开市场。辛苦半年时间养成的土鸡部分卖给了当地的中间商，每斤10—13元，部分自己零售，每斤20元，每只鸡算下来可以卖到60元。如果每批养3000只，零售大概18万元。现在3000只鸡占用30亩地，除去在粮商和自家地里的玉米的花费，他在林下套种的红薯和青菜的费用，每只鸡从孵化鸡苗、饲料、疫苗、人工等成本为35元，买鸡苗每只5元，每批的成活率大约为80%，他一年的收入大约为5万元，还有土鸡蛋可以卖，直接卖给中间商，每个可以卖到1.5元，土鸡蛋不担心销路。小尾寒羊羊舍在村西头他们家的自留地上，新修了三栋，准备再修三栋，一方面是为了扩大现有的规模，另一方面是直接销售羊仔，每只羊的纯利润在300元左右，300只羊的出肉期在一年半，纯利润能在9万元左右。马元成所在的合作社一共有农户6家，年养鸡在2万只左右，羊2000只左右，一年的纯利润在60万元左右。每年还需还农村信用社的贷款。

　　这样的农民专业合作社在张鲁镇大约有40家，主要从事畜牧养殖与农业养殖，他们无疑是这个地区最重要的农业生产力量，扶持和引导这些农户，建立畅通完善、种类丰富的农业小额信贷体系是当地农业发展的重要环节。养种植大户、专业合作社、企业和中间商，他们共同构成了生产流通的实体部分，资金则是产业链中的血液，共同在供需市场这只"无形的手"的作用下发挥了各自的力量，政府则提供市场信息、基础配套以及政策扶持。笔者在调研期间发现，不少农民的事业刚有起色，但是融资困难、抗风险能力弱、信息不灵通等是他们所共同面临的问题。乡镇经济整体处于小、散、弱的局面，部分创业者用他们的胆识、勤劳努力改变了自身的生活，为家乡贡献自己的一份力量，他们迫切需要更好的基础设施条件与政策环境。一个个简陋乡镇的平静之下，是厚实活跃的经济脉动，是活跃的市场与传统的行政管理机制的博弈与磨合。

（二）乡镇农业集体经济的发展：集体经济发展及农村新型股份合作制的尝试

张鲁镇为回族聚集区，其经济形式具有回族人谋生经济的特性，比如"贩羊"以及牲畜屠宰，但在 1949 年前较为分散，多为家庭作坊式的经济模式，1949 年后随着农业集体化的推行，农村经济发展遭到破坏，集体经济的大呼隆和平均主义的分配方式，导致张鲁农民的生产积极性降低，致使生产效率低下和经济的衰退，一方面农民的个人能动性在集体中不能充分调动起来，另一方面是在集体不能解决生产和温饱的情况下，群体内部的不和谐使得个体相互之间的矛盾冲突越来越深，最后使得生产合作的积极性降低到最低点。在实行家庭联产承包责任制后，实行去集体化，在张鲁农民的眼中就是单干，他们可以做到相对独立的生产和自由的劳动，生产计划不再受到集体和他人的制约，在实行家庭联产承包责任制的早中期，的确能提高生产效率和经济产量。而经济市场的瞬息万变与农村信息的闭塞与生产的无序形成了不可调和的矛盾，在家庭联产承包责任制实施后的一段时间，生产过剩与市场需求的矛盾逐渐凸显出来。去集体化后，张鲁的农业生产恢复常态，温饱得到了解决。从农业产量这个角度来看，张鲁的农作物收成提高了，但是实际收入并未得到同样速度的增长，这种悖论现象并非黄宗智在其《长江三角洲小农家庭与乡村发展》中提到的"农业过密化"的概念，主要因为农民的经济形式还是具有政治性的影响成分，在农民"单干"后，缺乏一种能够挺立于世界经济市场并同分散的农村经济进行沟通与连接调适的媒介，单打独斗的农民势力薄弱，新型的农村合作社应运而生。合作社可以整合当地的农业资源，推动农业经济的规模化、集群化发展，并且及时地获得各方面的农业发展信息，但这种组织仍较为松散，故而新型农村股份合作制的经济形式也由此产生。

张鲁北街是回民居住相对聚集的街区，人多地少，村民虽有加工牛羊肉的传统，但经济效益不突出。自 2002 年起，张鲁北街先后发展了 8 家肉食加工企业、60 多家个体屠宰户，至 2010 年，北街村可日宰杀牛 300 头、鸡 30 万只，冷藏加工能力 6000 吨。自 2012 年起，张鲁北街整合村内松散的牛羊肉加工企业及农户形成生产经营合作社，此举动有利于整合村内的屠宰加工市场。作为山东农村新型合作制度的试点，村集体企业在 2012 年以股份制入股的形式联合村内的多家屠宰户，形成屠宰—供肉—送厂加工—成品供货—年底分红的模式，在某种程度上盘活了农村集体经济的发展，参与村民以饲养和屠宰加工量入股、土地入股或者以技术劳工进厂入股。将集体资产进行评估，确定可以分配和发展的本金，用股份的形式制定分配的资格和方式，选择一个时间作为股份划分的起点，根据起点时间通过饲养和屠宰量以及对集体经济的贡献预期等差异进行配股，形成固定股权的分红分配模式。起初是自愿入股的形式，以至到后期，随着效益分配好等原因，入股农户逐渐增多，渐渐形成股份经济合作社的雏形。农民入股的土地一亩地折为一股，目前全村入股土地面积已达 1012 亩。农民每股可获保底收益 1000 元，利用入股土地，北街村也搞起了大棚蔬菜、食用菌种植等。土地股份收益 30% 按股向农民分红，从而由屠宰业为起始逐渐发展到土地承包入股。张鲁北街村居民除了屠宰业的销路不愁，而且也形成了农业多种经营，2013 年省里派来了懂科技的"第一书记"驻村指导，并从省里带来了一笔钱开展村庄基础设施建设和农业科技知识普及。目前，张鲁北街村是张鲁农村经济发展的先进村，2015 年刚刚颁布的山东省委 1 号文件，引导农民以承包地入股组建土地股份合作组织，允许农民以土地承包经营权入股发展农业产业化经营。由此可见，张鲁镇的农村新型合作经济具有较长远的发展前景。

农村集体经济发展中出现的新型股份合作社是对传统合作社的制度创新。它保持了合作制基本特征，并吸收股份制在要素配置和效率方面的优势，与传统的农村经济组织存在着多方面差异。

首先，股份合作社不同于单纯的股份制。股份制遵循股权原则，股份额度直接决定股东的决策权力。而股份合作社不但集资的内容可以多样化，包括资金、劳动、技术等的合作，更须遵循劳动联合与资本联合并重的原则。为保证农民的权益，大部分股份合作社对外来（非农）投资者的决策权力有一定限制。

其次，股份合作社不同于单纯的合作制。普通合作社是以资金、技术为重点的基本合作，是松散型的组织。股份合作社是不同的参与者以资金或实物（如三权等）参股进行合作运营，是紧密型的组织。股份合作社在生产经营目标、管理结构、股权流动、分配制度等方面，均与传统的普通合作社存在差异。

最后，股份合作社不同于股份合作企业。股份合作的方式，可以分为劳资合一型和劳资联合型。从实际运营来看，由于工业投资的可转移性和流动性强，股份合作企业中劳资联合的比例较大；而农业投资的专用性与长期性，决定了股份合作社中劳资合一的比例较大，更强调"利益共享"的机制，从而导致股份合作社与股份制企业在决策方式、股份流动、盈利模式等方面的差异。

（三）乡镇农业个体私营经济与民营经济发展——林木加工厂

由于地处马西林场腹地，自生林和速生林的数量居于全县之首，张鲁镇到处是郁郁葱葱、生长茂盛的树木，其中以杨木为主。早在20世纪80年代，世界粮食计划署第十三届粮食援助政策和计划委员会批准中国政府向该署申请"在山东和四川通过林业来促进保持土壤和发展木材生产"的项目（代号：中国2606项目），山东省的项目分布在聊城地区的莘县和冠县，莘县的项目在马颊河以西，简称马西地区，主要涉及张鲁和大王寨等乡镇，造林6530亩。根据2010年莘县统计局的统计，全镇林木覆盖率在40%左右。除了发展林木涵养种植，张鲁镇还引进木材加工项目。为了促进木业加工项目的发展，张鲁镇还专门成立了民营经济发展委员会，专设正科级的民营发展委员会主任，建立林木加工管理专业合作社开展林木种植以及加工专项指导活动。截至2010年，全镇已经有20个林木加工企业投入生产，全镇从事个体私营经济的工商业户为986户，从业人员达到4000人，注册资金达到2亿元，年实现利税2000万元，基本形成了"村村加工户，群众天天见收入"的良好局面。

随着2007年张鲁林木加工管理专业合作社的成立，林木加工农户自愿参加，逐步形成了"龙头企业＋合作社＋农户"的经营模式。所谓龙头企业是指在行业内处于领先地位的企业，在张鲁镇有环宇木材加工厂等多家。环宇木材加工厂是一家民办木材加工企业，由张鲁马东村党支部书记马某创办，成立于 2002 年，从事木材加工和胶合板的生产。笔者实地考察了环宇木材加工厂，并了解了木材加工的流程、经济效益以及提供农村就业岗位的情况。根据介绍，整个木材加工作业可以分为：削树皮—分割—冲木—旋皮—切皮—晾架—打包七道程序。一个旋切机投资 1.5 万元，每天旋皮 2000 张，一台压合机 1.5 万元，木皮经过压制成为半成品后，送到压板厂，每张可以增值 0.2—0.3 元钱。此外，木材加工对劳动力的要求不高，妇女及 60 岁以下的劳动力都可以参加旋皮、压皮等工作，一天干满 8 个小时，月工资可以达到 1500 元左右。目前，全镇年消耗木材约为 6000 亩，实现年销售收入 2 亿元，极大地提高了当地人民的生活水平，而以木材加工业为主导的私营产业的发展也有力地推动了张鲁镇个体私营经济的发展。

（四）种植业的困境——"种粮不挣钱"

笔者在访谈期间常常听到一句话——"种粮不挣钱"。相较于经济作物，粮食作物经济效益低，农民为了增加收入不得不逃离农业，逃离种粮。另外，为了国家的粮食安全，当地政府不得不强制要求农民种粮，限制了农民的收入增长，这种农业上的政治与经济的功能冲突导致了种植业的某种困境。虽然国家在 2006 年 1 月 1 日废除了《农业税条例》，压在中国农民身上持续了两千年的农业税被废除，每年减轻农民负担 1335 亿元；在种粮补贴上，国家从 2002 年开始，实行粮食直接补贴试点，2004 年种粮补贴扩展到全国，逐步形成了对种粮农民的直补、良种补贴、农资价格补贴、农机购置补贴，简称为"四补贴"，2013 年总补贴金额已经达到 2000 多亿元。但国家花这么大的财力且制定各种优惠政策，当地仍然会有"种粮不挣钱"的现象，最主要因素有以下两点。

1. 种植粮食作物的相对经济效益偏低

主要体现在两个方面：一方面是相对于工业和服务业，从事农业生产的收入偏低；另一方面是相对于种植经济作物，种植粮食作物的相对经济效益偏低。为此导致大量的农民逃离农村与粮食种植，我们从一组数据中也可看出这一点。根据国家统计局编撰的《中国统计年鉴（2012年）》显示，我国农村居民家庭纯收入每年为 7916.58 元，工资性收入为

3447.46 元，农业收入（包含农林牧渔业）为 2722.2 元，工资收入比农业收入的比重高，而 2000 年时的数据是工资收入为 702 元，农业收入为 1090 元，农业收入比重要高于工资收入。根据测算，在主要农产品中，粮食作物的相对经济收入（计算农作物的每亩收入，再计算所有农作物的平均亩产收入，用单个农作物的亩产收入除以所有农作物的亩产收入）要低于经济作物的相对经济收入。以当地 2013 年的小麦亩产在一千斤左右、按照 2014 年的国家保护性价格收购为（三等）50 公斤 118 元计算，每亩收入约为 1180 元。而西红柿亩产保守为 5000 斤左右，每斤收购价 2 元，亩产收入 10000 元，黄瓜亩产能达到 15000 斤，每斤收购价 1 元，每亩收入 15000 元。除去农业附加费用，每亩经济作物比粮食作物多收入 2000—5000 元。所以从经济效益来看，"种粮不挣钱"的确有其存在的客观原因。

2. 多元经济的发展挤压了农业的生存空间

商品经济的到来，催生了当地回民追逐利益的思想，认为从事农业生产效益低，为了改变家庭生活而选择外出打工。家里从事种植业生产的多为 60 岁以上的老人和妇女，数个 30—40 岁的傻子男汉成了香饽饽，农户间相互争抢，这种现象是可悲的。在当地调研时会发现"傻子"帮人干农活、中午管顿饭的现象。从全镇产业结构的布局来看，种植业经济发展虽然还是主项，但是发展迅速的第二产业挤压了种植业的生存空间。

（五）"土地转还是不转?"

随着农村经济结构的变化，农业的规模化经营成为当前不可逆转的新趋势，为此土地流转问题成为各地乡村普遍存在的现象。在张鲁镇，土地转还是不转，也是一个令回族民众颇为纠结的问题。以下为一个围绕土地流转问题的访谈。

一个故事

"你看，俺的玉米再有几天就能收了，长得真喜人。"在调研期间，遇到村民 M 指着丰收在望的玉米说。"现在的土地，俺们自己种着放心，大面积流转风险太大。"半年前，与其他 70 多家农户一样，将近 1000 亩的土地还是当地流转土地面粉厂的。

而在临近收小麦时，对流转自家的土地，村民纷纷喊停，究竟是怎么一回事呢？

随着 2013 年中央 1 号文件的实施，这个有着近 8 万亩耕地的镇，当年立时激起众多浪花，许多种粮能手、个体工商户、机关干部、民营企业家纷纷站出来，欲大规模流转土地做一番文章，尤其是山东省加大对种粮农民的补贴政策出台，更是进一步刺激了一部分人的神经。当年 3 月至 7 月，当地共流转土地 6600 多亩，仅 100 亩以上的就有 16 宗，其中流转土地 1000 亩以上的 2 宗，500 亩以上的有 3 宗，100 亩至 400 亩的居多。这些流转土地大户，大多数仍以种植粮食为主，部分种植蔬菜作物等。其中，仅乡镇面粉厂流转了 3 个村的土地 1100 亩，计划以自有的面粉厂为龙头，广泛种植高强筋小麦和玉米，通过上级扶持和机械化收割播种、厂家直购等方式来抵减每亩 1200 元的流转费用。当年麦收后，面粉厂与农户达成了每亩 1200 元拿地的协议，欲承包 15 年。通过 3 个多月的精心管理，流转土地上结出了丰收的希望，无论是种粮食、蔬菜还是种中药材的，收获颇丰。但是，丰收也带来了不确定因素，以面粉厂为例，由于流转仓促，没有专门的玉米晾晒场地，企业流转的 1100 多亩玉米只能堆积在乡村公路上，由于不能及时晾晒，企业收入大打折扣，平均每亩损失在 120 元左右。

退出，还是农民说了算。

秋种时，降水不多，由于灌溉需要投入大量资金，修建专用的提水站和渠道，面粉厂一时不具备这方面的条件，流转的 1100 多亩小麦只能播种后等雨，而附近没有流转土地的农户，则想方设法利用打机井进行浇水，小麦已是绿油油的一片，大片的绿色与因为缺水的黄色形成了鲜明的反差。加上群众间不确定信息的流传，到了小麦收获的季节，按照合同约定，面粉厂应该把土地流转费用打入 70 户农民的账号，但传出的消息是，由于麦收期间面粉厂需要大量资金，要麦收后才能打款，群众纷纷找到镇村干部，要求终止合同，退出土地流转约定。镇党委、政府了解情况后，及时召开由土地流转户代表、几个村的村干部、镇有关人员参加的会议，要求面粉厂按照合同约定给农户土地流转费用，要么退出合同，让老百姓自己经营，绝不能让老百姓的利益受损。有关人员先后三次同流转户、面粉厂负责人刘永亮进行商谈，发现他已经购买了大量的玉米种子、肥料，确实是因为资金周转不开，想给流转户打钱，但小麦收购季节，面粉厂等米下锅，刘永亮也确实有难处。通过再三权衡，镇里决定按合同办事，不能到期给付土地流转费，由农民决定怎么办，绝不能让老百姓吃亏。镇里召开了由土地流转户代表、镇村干部、流转大户三方参加的会谈，决定终止要求退出的两个村的土地流转合同，由农民按照原来的承包面积进行耕种，对土地进行过整理的，要恢复原来的面貌。就这样，600 多亩土地又回到了群众手里。面粉厂继续流转剩下一个村的土地，还有 500 多亩。退出土地流转，化解了潜在的风险，避免了土地流转大户"跑路"现象的发生。同时，为了最大限度减少面粉厂的损失，镇村干部组织群众自愿到企业购买种子、化肥。

土地流转是土地使用权的流转，指拥有土地承包权的农户将土地经营权转让给其他农户或经济组织，即保留承包权，转让使用权。当地也有农村土地流转，但流转与否，农户说了算这点很好，因为在某些地方，一旦农民与流转大户签订了合同，话语权就流转到承包大户手中，损害农民利益的情况时有发生。中国的"三农问题"中最重要的是农民问题，而农民的问题根本在于土地，土地是农民的命根子。笔者在调研中也发现，当地农民对土地流转心存芥蒂，担心流转后失去话语权，失去土地，这确实是个很现实的问题。在发展现代化农业过程中，把土地集中进行管理和经营，有利于统筹经营，但是其中不可控因素很多，政府发挥了关键的调节作用，保护农民利益，也就保护了农村经济的发展且维护了农村稳定。

三　多元经济的发展

回族善于经商是受到了伊斯兰教的影响，伊斯兰教鼓励经商成为回族经商的巨大动力，伊斯兰教认为，商业是各种产业的结合与桥梁。回族经商可以追溯到唐宋时期的穆斯林"蕃客"，他们从事香料和珠宝生意。元朝时期回回商人遍天下，到明朝时期回回同样以善于经营而著称。张鲁回族同样继承了回族善于经商的传统，很多回族家庭现在都从事着经商活动，十一届三中全会后，个体私营经济成为农村经济发展的新形式。

（一）发展中的整合

回族农业产业面临的一个巨大危机，就是纯粮食作物的利润空间越来越小。随着外出务工、从事个体私营经济的人越来越多，虽然承包土地从事农业生产可以获得基本的生活保障，但是由于回族善于经商的特点，回族纯粹从事农业生产而不兼营其他行业的几乎没有，"亦农亦商、亦农亦牧、半农半商"是回族的普遍特性，这是回族民族经济的显著特点，有句俗话叫作"好汉不拎有数钱"，意思就是好汉不必靠农业挣几个有数的钱，而应该靠做生意那样赚钱，在工业经济不发达的回族农村，只能选择经商这条出路，回族家庭的副业一般为饲养牛羊、榨油、皮毛贩卖等。一方面不会将所有的生计方向押在一种方式上，降低了风险，另一方面又促进了其他经济形式的发展，鼓励并促进了多种经营。

（二）榨油业

从民国初年起，张鲁即开始出现榨油作坊的营生，当时使用传统的木榨技术。根据村里的老人回忆，当时村里的杨姓地主家开有榨油坊，成为村里的富裕户，当时的榨油户一般采用人力加畜力——"驴拉石碾"及"人甩大锤"等原始的木榨工艺。原始手工的榨油方法首先要安装碾子，在作坊里建造一个比较大的圆形基座底盘（多为密度较高的实木），沿着圆边再挖一道沟槽，基座的底盘中间安装一个转轴支架，再把一个重约一吨的大石碾放在槽内，在石碾中间镂空处加上一个拉杆，拉杆在拉到碾子外边的驴身上绑好，驴子通过拉杆带动石碾围着碾槽旋转，碾动其中的原料。"人甩大锤"是把碾好的原料蒸熟放在一个木圈中央，然后用几十斤重的石锤边甩边挤压，直到原料里的油被榨干，当地主要从事花生油的压榨，100斤花生可炼制40斤油左右。与现代机械榨油相比，张鲁镇保存传承下来的木榨技术延续了传统的榨油技艺，也是当地较为珍贵的非物质文化遗产。

1949 年后，随着农业社会主义改造和农业集体化的推行，私有制的榨油业收归集体所有，传统的木榨技术几近消失。党的十一届三中全会后，国家允许农民因时因地制宜，自主经营，发展个体经济。张鲁回族村民发扬善于经商的传统，购置了电力榨油机，从事家庭作坊式的榨油业，相较以前的木榨制油方法，榨油机更加节省人力和物力。当前榨油机的工序为，第一步是把花生晒干，第二步是把花生放在榨油机中一般要榨五次，第三步是把榨的油放到油桶里沉淀，去除沉淀的渣滓就得到了制成油（见图 5 -2）。

图 5 - 2　张鲁当地仍保留的少数传统榨油之木榨技术

2010 年左右，张鲁从事榨油行业的农户已经达到 23 户。以当时的榨油大户马成虎（音译）一家为例，家里的榨油机已达 4 台，收购花生 900 吨，年销量达到 400 吨左右，年利润 50 万元。张鲁当地最大的食用油加工厂是张鲁马北油厂，创立于 1999 年，目前产品已经远销韩国和日本，年产植物油 1 万吨。

（三）运输业

张鲁位于冀鲁豫三省的交界处，省道从乡镇西边穿越，由于所处位置为交通要道，位置便利，同时张鲁的屠宰业和加工业比较发达，同时此地还有规划建设的物流城，所有这些便利条件促成了当地较为发达的交通运输业。运输工具逐步扩展到客运和货运，客运车辆主要为莘县、聊城、济南、邯郸四地。根据镇政府的统计资料，当地回族群众拥有大巴车 6 辆，中巴车 14 辆，大货车 38 辆，其他微型客货车 60 辆左右。据估算年交通运输业收入在 1500 万元左右。

（四）餐饮业

回族饮食是中国清真餐饮的代表，但回族在保留传统清真饮食方法的基础上，融入中华饮食文化，具有兼容性、宗教性的特点。张鲁回族饮食融合了清真菜系、鲁菜系的特点，注重面食、肉食（酥肉、秘制酱肉等）的制作。张鲁中街、北街上较为著名的"清真楼""回民饭庄"均为当地回族所开设。张鲁的回族餐饮业多为家族式的继承发展，如清真楼的老板蔡某从太祖父起就开始经营清真餐饮业，其家烧麦的做法至今也被称为回族烧麦的起源地，被回族餐饮业所认可。

（五）皮毛加工业

1996 年 3 月，张鲁镇被国务院经济发展研究中心评为"中国皮件加工之乡"。全镇皮件加工业已形成较大规模，村村有项目，户户搞加工，是全镇个体私营经济的主导产业。产品分劳保用品和生活用品两大类，共有 50 多个品种。其中劳保手套、劳保鞋、生活手套、旅游鞋等产品畅销新疆、黑龙江、吉林、辽宁等省区的 50 多个大中城市。"昌盛皮革制品股份有限公司"生产的皮夹克、马夹、一步裙等产品远销美国、荷兰、日本、俄罗斯、韩国、中国香港等十几个国家和地区，年创汇 1000 多万元人民币。

（六）几个多元经济发展案例

为了展现张鲁镇的多种经营业态，笔者从实地考察调研中择取几个典型案例，以更为直观具体地呈现张鲁镇的多元经济发展模式，从中亦可看出回族能人经济的特征。

案例 1　清真食品有限公司总裁马某成自述

我是 1992 年开始做牛羊肉销售生意的，那时候集中做这个的不多，大多是每家阿訇屠宰后除了自己吃外，剩余的卖一些，那时候照现在的话说是"刚兴起资本主义的萌芽"。干之前我在家纯务农，其实大部分时间是闲着的，高中毕业后去北京混了一年，在一家外贸公司做销售，销售外国进口红酒的那种公司，跟着老板也算见过些世面，赚了大约有8000块钱，觉得很辛苦，离开家乡招下老婆，孩子又小，就回家了。

当时觉得靠种地太穷，年轻人不能老闲着，1992年六月和村里的杨某某两人凑了一万块作为本钱，在镇上租了个冷库，收老百姓的牛羊肉，去县里搞推销，前后干了五年，赚了不少钱，其间自己还做农业机械（三轮农用车、抽水机、拖拉机等）的销售工作。1998年前后，觉得有些本钱和经验后，自己在村西边的省道边包了一块十亩大小的地，建设冷库，后来由于扩大经营，还做养殖（鲁西黄牛和波尔多山羊），冷冻牛羊肉原材料制品销往省内大的肉类食品加工厂，厂子2001年年利润210万元，到2003年厂子年利润300万元左右，现在厂子已经占地200亩，目前年利润达到4000万元。同时2014年我投资2亿元建设集养殖、屠宰、加工、销售、物流为一体的山东省西部肉类集散加工集团产业园。在十年内使得张鲁回族镇成为北方最大的肉类无公害产品产地是我未来的雄心壮志。在当前互联网日益兴起的时代，集团也设有电子商务销售平台，我们要把握互联网商务的契机，把握时代的脉搏，让我们中国的民族产品销往世界各地！

案例2　清真餐饮业巨头何某杰自述

我最早是做清真糕点生意的，小户作坊，前边是门脸后边是作坊，那时候家在张鲁南街，祖祖辈辈生活在那儿，印象小的时候经历三年自然灾害，家里穷得揭不开锅，那时候就激励了我改变家族面貌的决心，祖辈是做餐饮的，曾闯关东到黑龙江哈尔滨开回族饭馆，据说在民国初年哈尔滨一半以上的回族饭馆都是张鲁人去开的。改革开放后，很多当地人都去经商，当然还有人从事农业生产，但商业已成为主流。我曾经去大连的合盛斋清真菜馆学手艺，后来立足于张鲁，1995年开办清真楼餐馆，起初由于经营不善赔了将近20万元，由于立足张鲁面较为狭窄，后来在莘县、聊城、济南、大连都陆续开了餐馆，当时贷款300万元左右，摊子铺得很大，但我骨子里有回族人不服输敢于拼搏的精神，在菜色和菜品上以张鲁传统回族饮食为基础加上鲁菜和东北菜系的组合（偏重海鲜）。

案例3 回族榨油业的佼佼者马某清自述

我小时候家里很穷，兄弟姐妹七个，我排老二，上边有姐姐，下边有三个妹妹两个弟弟。由于家里孩子多，人民公社时期为了多赚工分，整天起早贪黑为了养弟弟妹妹。改革开放后，1986年为了赚钱去北京干过建筑工人，被一个叫"老黑"的东北人欺骗过，半年的工资都被骗走了，他说有渠道能钱生钱，利率比存在银行高很多，我把钱放到他那儿，一开始每个月还给我利息，三个月后就再也联系不到他。有点像现在的非法集资。1992年在北京开始做服装批发生意，在今天秀水街附近，主要从河北安新等地的厂子进货，以羽绒制品居多，到1998年，赚到人生第一桶金100万元。后来我把北京的门脸盘了下来，但是因为家里的原因，老婆孩子不太适应北京的生活，2001年9月我又回到了张鲁回族镇，刚开始起步很难，那时候在县城做某大品牌服装的销售代理，2003年，有批货在路上莫名被劫走了，货运渠道商诬陷是我找人劫走了货物，并在当地报了警，河北警方到张鲁来抓我，我被他们带到河北的某个看守所关了起来，其间他们对我严刑逼供，关铁笼子、不让睡觉、拔头发等，想让我承认是我劫走了货物，但这件事情的确不是我做的，最后警方拿不到证据只能把我放了，后来我去告诬告我的那两个人，他们逃走了，在警方追捕他们的时候，很蹊跷，他们中一个跳楼死了一个开车撞到树上死了。2004年我不再做销售代理。2005年我开始做榨油行业，当时依托当地回族商业联合会的推荐，主要是花生油和菜籽油，销往当地的清真菜馆，我印象2007年赚得最多，花生收购价格每公斤3元，食用油价格调高，我扩大了生产线，申请了自主品牌和精细化了技术。到现在企业年产植物油一万吨，产品销到韩国和日本等国家和地区。

四　当地回族经济状况数据分析

回族经济指的是回族的社会生产以及经济活动，其中包括生产、分配、交换、消费四个环节。就当前的状况而言，回族经济是中国伊斯兰经济与中国特色社会主义市场经济相结合的产物，具有伊斯兰文化特性，同时又兼有中国传统的地域特色。根据调查问卷，对张鲁镇回民的经济状况以及他们对当地经济的看法做以下数据分析。

（一）收入与支出

收入问卷显示，在月收入选项中，个人月收入在500—1000元的占总人数的32%，2000元以上的占27%，其次为500元以下的占25%。由此可见，当地500—1000元收入人群占较大比重，中等收入群体居多是因为纯农业及以农业为主并有兼职的人群占较大比例，2000元以上月收入的群体也占较大比例，这是因为从事农业外的兼业或脱离农业完全从事兼业（个体私营商业主）的人群也占有较大比例。

支出选项中，问卷显示每月消费500元以下的占44%，其次为500—1000元占35%，1000—2000元占10%，2000元以上的占11%。由此可见，当地人群消费水平不高，与城市比较有较大差距，这在很大程度上与当地自给自足的农业经济有关。而问卷中关于消费场所分布，"总在乡镇上占36%，一般在乡镇市场上偶尔去城里占54%"，当地人消费支出较多局限于乡镇，所以导致月支出水平不高。

在当地居民日常支出选项中，支出项目占比重最多的为"饮食""水电燃气"，分别占93%、98%，其次为"人际交往""教育""服装"，分别占68%、46%、43%。由此可见，饮食和水电燃气及服装等日常必需品消费占比较大，其次人际交往消费也占较大比重，回族文化与山东儒家文化交融，崇尚礼俗，婚丧随礼钱较为常见。以丧事为例，当地回族有死后一年、五年、十年、二十年做丧席的风俗，送油香随份钱的礼俗也较为严重。同时，当地回族较为重视教育，教育支出也占较大比重。

由此，本地回族村民的收入呈现两极化趋势，高收入和低收入并存。由于村民消费场所主要局限在乡镇上，消费渠道不多，并且消费支出主要局限于日常生活必需品消费、人际交往消费以及教育消费方面，每月消费水平局限于 500—1500 元者居多。

（二）回民眼中的"农村经济"

"近几年来经济发展成效的主要表现分布"选项反映了当地居民关于回村经济发展的认识。其中，认为"减轻了农村税费负担"的占 75%，认为"提高了农民生活水平"的占 45%，认为"改善了农村环境及面貌"的占 30%，而农村基础设施、乡风文明及教育、文化、医疗等公共事业发展则改变较少。由此可见，当地回民首先肯定改革开放后当地经济改革发展的成效，在"经济发展对当地发展成效"的选项中，占比最多的认为破除了几千年来的农业税，认为提高了回族群众的日常生活水平也占比较高，而基础设施建设、文教卫生事业的改变的占比不高。笔者认为，占比不高的方面也是亟待解决的方面，在当前回族乡镇的新农居建设及村容村貌建设方面这些问题正在解决。笔者在访谈中发现，许多回族群众在生活水平提高后，对于居住环境、受教育及医药卫生甚至精神生活方面，都有较高的诉求。

> 访谈：我认为村里应加快新农居建设的力度，虽然镇里已委托省里的设计院进行回族乡镇基础设施的设计和施工，但我感觉还有很多不到位的方面，比如饮用水系统改造、乡级公路的扩建等，只注重宏观的发展，细节方面把握不足。
>
> 访谈：我认为乡镇卫生院的就医环境还是很差，而且医治急症的反应力很低，还得依靠十几里外的县医院的医治能力，这与我们乡镇当前的经济发展水平很不协调。

张鲁镇的乡镇经济获得长足发展，回族群众的生活水平也有很大的提高，但张鲁镇的基础设施及乡镇医疗教育等公共服务的发展却与之不相协调，这些方面发展的滞后预示着广阔的市场需求，这也是未来政府及社会资本需要介入的重要领域。

在"您认为如何才能更好地发展农村经济"的选项分布中，认为"国家帮助发展农村经济"一项占比最多为 79%，认为"外出打工带动农村经济发展"占 63%，而认为"社会各界帮助拉动农村经济发展"占 45%。由此可见，回族群众高度认可国家政策和资金的扶持在促进当地经济发展中所起的决定性作用,外出打工带回来的资金和技术成为当地经济发展的动力与补充;依靠社会资本发展民营经济已成为当地发展经济的重要组成部分。因此,当地经济的发展离不开国家支持、外来技术以及民营资本三方面的配合与支持。

在"经济状况与过去十年相比"选项中,认为"改善很多"的占92%,认为"没有明显变化"的仅占1%。由此可见,当地回民已真切感受到经济的迅猛发展,同时也成为经济发展的受益者。

在"当前生活的满意度分布"选项中,认为"非常满意"的占到73%,认为"还好""不太满意"以及"很不满意"的占25%,由此可见,近1/4的回民认为当前生活还需进一步改进。

(三)家庭经营状况与人员从业状况

1. 总体状况

在"家庭人口就业类型分布"选项中,"纯农户"占23%,"非农户"占16%,"农兼非"占到61%,可以看出,从事农业兼职其他行业的人员占比较高,这与回民善于经商的习惯有关。

在"您目前最重视的经营项目"的多项选择中,从事"种植业"占28%,其次为从事"家庭副业(含小生意)"占26%,从事"养殖业"占22%,该组数据恰与上述"农兼非"人口比重较高状况吻合,从一定程度上反映出家庭副业对传统种植业的冲击,而在养殖业方面,小尾寒羊、波尔多山羊的养殖户较多。

在"您在生产经营中最缺什么"的多项选择分布中,"最缺资金"一项占63%,其他依次为技术(56%)、信息(51%)、知识(43%)和销售渠道(35%)。由此可见,资金与技术成为当地回民经济发展的重要瓶颈,扩大资金经济投入与引进先进技术劳动力是关键。

2. 纯农业经营调查状况

问卷中还涉及对纯农业户的调查,其中种植业的比重最高占63%,养殖业占33%,林业占5%。由此可见,当地纯农业户中,种植业、养殖业占比较高。从农产品的销售渠道分布方面看,按照国家合同交货的占71%,自己零售的占19%,批发市场销售的占8%。这组数据说明,在纯农经济中国家政策扶植起到十分关键的作用,包括合同交货和保护价格收购等方面,这在笔者访谈时也得到印证。

3. 非农业经营调查状况

关于非农户调查中，放弃农业产品耕种经营的原因分布选项方面，"打算在本地从事非农产业"占70%，居首位因素，"已有其他工作不想再兼业的"占26%，"无力耕种"的仅占5%。由此可见，非农回民对农业耕种依赖性并不强，而是努力寻求改行。

4. 农兼非经营调查状况

在农业兼非农业户调查中，每个家庭中兼职副业的人数较多集中在1—2人，占总家庭数量比重的77%，3—4人的则占24%。在"兼业者从事职业分布"状况中，手工业比重最高，占45%，餐饮业次之，占28%。

访谈：我们家除了农业生产，还兼职皮毛粗加工业，农闲时节，我和我老公还有孩子一起做，去屠宰户家收牛羊皮，褪毛、初步处理皮毛。每年的收入比农业生产所得收入要高很多，大约高4—5倍。但是很辛苦，家里常常臭烘烘的。

访谈：除了农业外，我们家还兼做清真糕点加工，主要是蜜三刀、糖球等回族糕点。去年新购置一台糕点加工机，节省了人力，目前糕点主要销往本乡镇、县城和邻近的县。

当地农业兼职副业的现象较为普遍，主要原因如下：

第一，回族的经商传统。商业是散居回族的优势，做大做强回族副业是散居回族经济发展的必然着力点。由元朝至清朝末年，散居回族经济伴随着商贸经济的发展遍及回族聚集区，以牛羊屠宰业为例，其已遍及全国城乡的回族聚集区。此外，在许多回族聚居城镇，清真饮食业各具特色，且发展良好，实现了消费者与自身的双赢，推动散居回族经济的发展。

第二，传统回族手工业作坊是兼业的重要组成部分。种植业、农牧业、清真屠宰业的发展为回族传统手工业奠定了基础，回族传统手工业最初的出现是为了满足个体家庭的生活需求，并随着规模的扩大逐步演变成"前店后厂"的形式，如张鲁中街上有大约50家这样的商户，包括糕点业、榨油业、皮毛加工业等相关手工业作坊。传统手工业的发展客观上也推动了散居回族经济的发展。

第三，民族旅游业的发展带动了农业兼副业的发展。当前，以农业休闲旅游、农业文化产业园区、现代绿色农业等为代表的"农业＋文化""农业＋旅游"等新型经济业态不断出现，张鲁镇也顺应当前文化产业发展的趋势，发展回族民俗旅游业、农业采摘园以及回族饮食体验观光的产业，带动了散居回族经济的发展。

五　回族经济形式的效益分析

（一）三大产业贡献率与产业增长弹性指数分析

贡献率是分析经济效益的一个重要指标，它是指有效或有用的成果数量与资源消耗及占用量之比，即产出量与投入量之比，或所得量与所费量之比，计算公式为：贡献率（％）＝贡献量（产出量，所得量）/投入量（消耗量，占用量）×100％。贡献率是分析一个地方各种经济成分对国内生产总值（GDP）的增值占比，是计量和分析经济增长的因素对于促进一个国家或地区经济发展作用的重要测算数据。

笔者通过测算三个产业的贡献值为媒介来分析当地回族经济形式的效益，而产业贡献率的计算公式为：第一、第二、第三产业增量与国内生产总值增量之比，即为各产业的贡献率。第三产业贡献率＝第三产业当年增量/国内生产总值当年增量×100％。

公式表示：$G = \sum a_i (i = 1; 1 - n) / \sum A_j (j = 1; 1 - n) \times 100\%$；G 表示某产业（部门）的经济贡献率，$a_i$ 表示某年度产业的产值，A_j 表示本年度国内生产总值。

产业增长弹性系数：

公式表示：$E_c = [(X_t - X_t - 1) / X_t - 1 \times 100\%] / [(Y_t - Y_t - 1) / Y_t - 1 \times 100\%]$，在公式中 E_c 表示产业的增长弹性，X_t 表示本年度某产业的产值，$X_t - 1$ 表示上年度某产业的产值，Y_t 表示本年度国内生产总值，$Y_t - 1$ 表示上年度国内生产总值。

产业贡献率和产业增长弹性系数是经济学中用于衡量某地或某个区域第一、第二、第三产业对当地经济发展的贡献效力，是衡量产业经济的重要指标。笔者通过对当地 2006—2014 年 8 年中三个产业的发展和占比状况来进行分析，具体衡量指标依据表5-7所示。

表5-7　　　　　产业地位指标及产业发展层次指标表

产业地位指标及产业地位	经济贡献率	0%—20%	20%—30%	30%—50%	50%—70%	70%—100%
	产业地位	一般产业	重要产业	支柱产业	核心产业	垄断产业
产业发展层次指标及产业层次	增长弹性系数	<0.5	0.5—1.0	1.0—1.2	1.2—1.5	>1.5
	产业层次	严重滞后产业	相对滞后产业	弱势拉动产业	中强度拉动产业	强带动产业

根据产业经济贡献率公式，对张鲁经济发展的三次产业经济贡献率计算如表5-8所示。

表5-8　　　张鲁镇三大产业经济贡献率（2006—2014年）　　　单位:%

年份	第一产业贡献率	第二产业贡献率	第三产业贡献率
2006	51.3	21.4	27.3
2007	53.4	20.3	26.5
2008	50.6	22.5	27.1
2009	47.4	22.7	30.3
2010	48.5	21.4	31.2
2011	46.3	23.6	30.1
2012	47.8	24.4	28.2
2013	47.5	25.7	27.4
2014	46.5	26.5	27.5

由表5-8可见，每个产业经济贡献率在8年中变化较为均衡，第一产业的贡献率从2006年的51.3%到2014年的46.5%，略有下降；第二产业的贡献率由2006年的21.4%到2014年的26.5%，有小幅度上升；而第三产业的贡献率由2006年的27.3%到2014年的27.5%，8年来基本持平。由经济贡献率所衡量的产业地位来看，第一产业从核心产业逐渐

下滑到支柱产业，第二产业逐渐由较为趋向一般产业发展到较为趋向支柱产业，第三产业在重要产业和支柱产业之间波动，无限趋向于支柱产业。由此可见，当地三大产业分布都趋向支柱产业，第一产业虽然占比下降，但是仍居于重要地位，第二产业的贡献率增速较为迅猛，而第三产业则维持在均衡发展的态势。核心产业是指在国民经济发展中占绝对地位，缺失即会产生决定性不良影响的产业；支柱产业是指在国民经济中生产发展速度较快、对整个经济起引导和推动作用的先导性产业；一般产业是指在国民经济发展中占比不高的产业类型，是核心产业和支出产业的补充（见表5-9）。

表5-9 2006—2014 年张鲁镇三大产业的经济贡献率均值分布 单位:%

2006—2014 年	第一产业贡献率	第二产业贡献率	第三产业贡献率
均值	48.9	23.1	28.4

从表5-9 三次产业经济贡献率均值分布中也可以看出，第一产业占比依然较高但趋于下滑，而第二产业上升、第三产业发展趋于稳定的发展态势基本显现（见表5-10）。

表5-10 2006—2014 年张鲁镇三次产业的经济增长弹性系数

年份	第一产业增长弹性系数	第二产业增长弹性系数	第三产业增长弹性系数
2007	1.32	0.71	0.84
2008	0.76	1.31	1.21
2009	0.56	1.03	1.57
2010	1.21	0.83	1.18
2011	0.41	1.52	0.82
2012	1.13	1.25	0.62
2013	0.93	1.20	0.73
2014	0.87	1.27	1.03

由表5-10 可以看出，第一产业增长弹性系数除了 2007 年（1.32）、

2010 年（1.21）、2012 年（1.13）外，都维持在 0—1，从产业发展层次来看，属于严重滞后产业和相对滞后产业，对当地经济的推动效果不明显。第二产业的增长弹性系数除了 2007 年（0.71）、2010 年（0.83）外，其余都维持在 1.2—2，由此可见，在当地第二产业的产业贡献率属于中等强度和强带动力产业。而当地第三产业弹性系数的变动则较为均衡，系数维持在 1 左右，所以第三产业经济在相互滞后和弱势拉动产业之间徘徊。

（二）三次产业经济发展分析

1. 第一产业

经济学中通常把第一产业定义为由农业、林业、畜牧业、渔业四个部门组成的产业。资料数据显示，2014 年全镇第一产业总产值 73258 万元，其中占比最高的为农业（64%），其次为牧业（21%）、林业（14%），最低为渔业（1%）。张鲁镇第一产业的各个部门依托合作社的形式实现了较为稳定的收益。乡镇推动土地流转，形成规模化农业，探索并形成"股份＋合作"的土地流转新模式，具体做法是以农业生产合作社为纽带，保留农民的土地承包权、流转土地的经营权，以家庭承包为基础，完善家庭承包经营土地制度。通过土地入股组建合作社，实行土地集约化管理和种植，增加单位土地产出率，新型土地流转模式可以概括为两种形式：一是"公司＋合作社＋农户＋集体"，主要从事一些投资小、经济效益快的短期蔬菜种植生产；二是"公司＋合作社＋大户＋农户＋集体"的形式，主要适用于投资大、技术含量高、收入高的设施农业。这种农业发展模式从客观上改变了单个农户面对瞬息万变的市场时个体较弱、抗风险性弱的特点，每个"股民"都是合作社的社员，每个社员都关注合作社的经营效益，提高了生产积极性，"股份＋合作"的土地流转新形式使得农民看到了土地的价值，充分调动了农民参加农业生产的积极性。这种土地流转模式促进了资金、技术、服务等各个生产要素的合理配比，比如张鲁很多类似的合作社与聊城大学、济南大学等科研单位建立科技帮扶业务，生产的有机蔬菜每亩年纯收入达到 5000 元，是原来每亩收入的 6 倍。蔬菜销往合作的巨型企业，减少了中间环节，降低了价格与风险，并且形成了自主品牌。合作社每名社员每股（亩）每年的底金为 900 元，加上年底分红和劳动报酬，每亩每年可以获得

4000 元左右的纯收入，按平均每户入股 5 亩算，每家从合作社的纯收入大约 20000 元。当地的土地流转模式可以称为把市场化的"土地股份制"和集体制的"合作社"结合起来，但也存在一些不利于农业发展的问题，产业化的农业生产对传统粮食生产构成威胁，如在土地承包过程中由于监管不健全而产生的土地承包纠纷、非法占用耕地搞农业观光园等现象，调研时确有发现。而这些需要根据当地当时的现状加以政府政策层面上的干预，避免因效益好造成"一窝蜂上"的局面，促进农民多种经营模式共同发展，使农业生产在政府"有形的手"与市场"无形的手"的博弈中，焕发勃勃生机。在当地占比近 2/5 的畜牧业和林业，也形成合作社生产的合理布局，发展"林下生产"，畜牧养殖与林业发展并进，利用林地的空间发展畜牧养殖，牛羊吃林下种的草，牛羊的粪便肥沃了林地，同时涵养了生态，可以说达成双赢。

2. 第二产业

经济学中通常把对第一产业和本产业提供的产品或原料进行加工的产业部门，比如制造业、采矿业、石化煤炭、钢铁业、电力、纺织和建筑业等称为第二产业。张鲁的第二产业主要是手工业、石化、建筑业，2014 年年产值为 52735 万元。当地实行包产到户后，改变了原来的以生产队组织实施生产劳动的形式，转变为以家庭为主要生产活动单位，农民承包土地，可以自由选择经营的项目，劳动时间上比生产队时期更为充足，手工业从此发端。在张鲁回族镇，各种手工业作坊是以家庭为主建立起来的经济主体，具有明显的血缘关系，加工的场所也主要在个人的庭院中，而从事服务行业的农户也多以自家庭院临街的一面修筑门脸房作为店铺，家庭成员是这种手工业作坊的主要劳动成员，没有严格的科层制的管理模式，生产操作等规章制度较为模糊，抗市场风险能力较弱。而随着西部民族工业园的建立，传统手工作坊形式的加工生产模式产生变化，逐步由家庭生产形式向企业式生产经营模式转变，生产的空间由家庭庭院转向工业园中的厂房，雇用的劳动力由家庭内部成员逐渐向周边村落中的汉族人员扩张，由血缘关系逐步演变为地缘关系，有的皮毛加工及榨油企业雇员规模已经超过 500 人，行业内部的专业分工逐步细化，专门成立牲畜养殖和屠宰业协会，具有明确的规章制度和操作流程，专门有人负责养殖，屠宰也由专门的人员负责，有人专门负责剥皮等，细化了上游产业链，同时以产业协会为基础增加了与省内外同行的交流，更迅速地捕捉信息，提高行业的抗风险能力。总体来讲，第二产业发展处于稳步上升期，行业的细化及规模化经营是其未来发展的特点。

3. 第三产业

第三产业是指不生产物质产品的行业，即服务业。英国经济学家、新西兰奥塔哥大学费希尔教授于 1935 年在其《安全与进步的冲突》一书中首先提出，是除了第一、第二产业之外的其他行业。中国的第三产业分为流通和服务两个部门，其中流通部门包括交通运输业、邮电通信业、商业饮食业、物资供销和仓储业；服务部门包括金融保险业、房地产管理业、公用事业、农林牧副渔服务业、旅游业、文化教育卫生体育社会福利事业、国家机关及党政机关和社会团体。张鲁的第三产业主要侧重于农业服务业、公共服务业、交通运输业、餐饮行业、旅游业、文教卫生、国家党政机关等几个方面。调研资料显示，2014 年第三产业的总产值为 53146 万元，其中交通运输业占比为 34%，农林牧渔服务业占比为 21%，餐饮业占比为 19%，文教卫生体育事业占比为 12%，旅游业占比为 7%，其余为公共服务业及国家党政机关等几个方面。第三产业近几年的发展总体处于平缓期，但随着农业产业化及第二产业的发展，配套的相关物流业、餐饮业及服务业也发展迅速。

（三）张鲁回族经济发展的特色及制约因素

1. 张鲁回族的经济发展特色

张鲁当地回族经济的特点是在稳定传统产业和发展新型农业的基础上，着力突出以皮毛加工业、榨油业、清真食品加工业为龙头的第二产业发展，合理促进物流、公共服务、餐饮商业、旅游业等第三产业的发展，在未来发展中重点引进高科技及互联网等新兴产业，突出民族特色，做强做大当地自主民族品牌。具体表现为以下几个方面的特点。

（1）注重传统农业经营。与某些散居回族聚集地区不注重农业生产相比，当地更加注重农业发展，农业是当地回族经济发展的根基，比如有各类集体经济和个体经济的农业生产合作社的产生，整合了土地和生产资料等资源，有利于提高农业生产效率。

（2）注重发展回族特色经济。当地突出回族的民族经济特色，做强传统民族经济，传统经济形式比新兴经济形式更具有优势，从文化特点和地域类型来看，回族的皮毛加工业、榨油业、屠宰冷库传统行业因发展时间长产业竞争力大，同时当地政府正确地引导和扶持此类大中型企业的成长，提高本地品牌的市场竞争力和社会影响力，不片面地引进大项目、吸引眼球但经济效益慢的项目，合理布局，形成一个政府、民众、市场三方良性博弈的局面。

（3）注重带动周围经济发展实现共赢。散杂居少数民族处于汉族居民包围圈之中，宗教信仰和生活习惯等方面会有差异，但良好的民族关系至关重要，因为这是经济发展的良好的外部环境。按照帕森斯的 AGIL 功能分析模型建构，民族关系是目标达成的关键途径，在后边的章节中通过实地调研可以看到，当地民族关系良好，回族经济发展同时带动周边汉族村落的发展。笔者调研时也发现，在当地回族人开办的企业中，有60%的从业人员为周围村落的汉族人，回族经济对汉族经济发展的带动性显而易见。在提高了周围汉族村落的经济水平的同时，周边汉族村落也为回族企业发展提供了充足的劳动力资源。

（4）相较其他散杂居回族聚集区，张鲁经济发展更显多元化。不同于一个地域或村镇拘泥于一种经济模式，当地多种经济形式共存，个体、集体、私营、国有形式均衡发展，笔者认为这也是当地经济较周边地区经济发达的一个重要原因。

（5）"领头雁"效应。在群众心目中有威信并有能力带领群众致富的人成为"领头雁"，如北街村的马金仙（谐音），既有家族宗族长的特质又有宗教上的号召力，如"差序格局"一般扩散，有利于发挥村庄内的潜能。

（6）回族文化与儒家文化交融，成为精神指导力量。回族伊斯兰教文化与儒家的诚实守信等文化特质结合，形成独特的文化圈，伊斯兰教经典《古兰经》包含了十分丰富的经济思想和经济制度，正是这些经济思想和经济制度大大影响了回族的经济生活方式。伊斯兰教经典及其创始人极其推崇商业，看重商人。穆罕默德称："商人犹如世界上的信使，是真主在大地上可依赖的奴仆"，"诚实的商人在报应的日子里将坐在主的影子之下"，"忠实可靠的商人，在复活日，将与烈士们在一块儿"。穆罕默德的亲密战友、第二任哈里发欧麦尔也曾说过："我最乐意战死的场所，莫过于为我的家族做买卖的集市。"这种崇尚商业的思想，激励着一代又一代的回族群众步入商海，有利于回族经济的发展。

2. 张鲁回族经济发展中的局限性

当然，张鲁当地回族经济的发展同样具有局限性，主要原因如下。

（1）交通制约。由于地域位置处于山东西北部欠发达的地区，较为闭塞，所处周边的地域环境制约经济的发展。

（2）经济优惠政策不明显。与民族自治地方相比，散杂居地区的经济优惠政策无论在范围和内容上都相去甚远。而非民族自治地方，近年来为了发展经济，纷纷招商引资，出台了一系列工商、税收、房产等方面的优惠措施，更使散杂居地区经济政策与措施上的优惠显现不出来。同时，在这样一个典型的散杂居回族地区，缺乏相关的指导民族经济发展的专职部门。

（3）所依靠的产业多为传统行业，创新性不足。当地政府对新兴产业的引导和扶持不足，传统产业缺乏科技创新，归纳起来还是闭塞的问题。

（4）传统农业向现代化农业转型不明显。从"土地流转"和"规模化种植"来看，还处于探索发展中，所以其中问题复杂，某些农民只看眼前利益，此外，由于国家政策、市场等很多不确定性因素，对农业生产和农民利益的影响尚未明了。

（四）新经济形式的尝试

在位于中原崛起经济带和山东半岛蓝色经济带两大经济带的辐射范围下，当地回族经济发展面临新的发展机遇。笔者在当地调研时发现，新兴的经济形式"互联网＋"在社区中应用，随着互联网经济的兴起，电商等新兴经济事物的产生对传统经济形式产生冲击，有些农业合作社通过电商平台销售农产品，在"淘宝网"等电商平台上建立"网店"，使商品更快捷地销售到全国各地，逐步形成互联网线上和线下相结合的O2O模式。同时依靠两大区域经济带的辐射作用，继续做强民族品牌，促进传统行业的科技转型，利用德商高速和济聊馆高速的便利，发展物流业，使得当地成为鲁西北最大的商贸和物流中心。增强区域内的协同创新，加强与周边地区的经济合作和交流，突出回族文化特色，国家重点扶持一个到两个在区域内有影响力的重大企业。

六 与全国各类回族乡镇及周边汉族乡镇经济发展模式的比较

根据 2000 年全国第五次人口普查的数据，目前我国有 137 个回族乡镇，全国 34 个省级行政区中，21 个省级行政区有回族乡镇，其中所辖回族乡镇最多的为河南省 21 个，其次为河北省、甘肃省各 19 个，然后为云南省 11 个，四川省 9 个，青海省 9 个，安徽省 8 个，贵州省 7 个，湖南省 6 个，新疆维吾尔自治区、山东省各 5 个，湖北省 4 个，陕西省 3 个，内蒙古自治区、吉林省、北京市各 2 个，广西壮族自治区、天津市、辽宁省、福建省、江苏省各 1 个。① 张鲁镇的经济发展模式与国内其他回族乡镇经济发展模式相比，具有中部地区典型回族村落的特征，但对周边汉族乡镇的带动作用也很明显。

（一）各回族乡镇的发展类型和模式统计分析

1. 大中型城市近郊，乡村向城市变迁的模式

这类回族乡镇位于大中城市郊区，具有融入都市区的区位优势，比如北京朝阳区常营回族乡的农村城市化建设正由创建期转向调整、拓展、优化、提升期。以建设"现代化城区"为发展定位，确定了以第三产业为基础、以现代服务业为支柱、以项目为龙头的总体发展思路，形成大型居住区、绿色服务区和现代服务业窗口区，逐步实现由农村城市化向城市现代化的转变。类似的还有天津东丽区么六桥回族乡，该乡是通过老村庄改造 1020 亩，计划将原有的 13 个行政村实施迁村并点，形成一个具有城市化功能的居住区，其次是加快工业区开发，重点发展规模效益型、技术密集型、外贸出口型的工业生产企业，安置乡镇内劳动力。

2. 大中型城市远郊，发展服务城市型的功能定位

比如北京通州区于家务回族乡，发展城市现代农业示范区，形成农业、城市生态涵养、观光一条龙的现代农业，开发以南瓜为主题的休闲观光园、台湾第五季生态园等都市型现代农业项目。同时吸引国内外大型企业设厂入住，开展招商引资，发展第三产业。又比如吉林省双营子回族乡、河南荥阳市金寨回族乡、洛阳市廛河回族区廛河回族乡等，也

---

① 数据来源：全国第五次人口普查网址，http：//www.stats.gov.cn/tjsj/ndsj/renkoupucha/2000pucha/pucha.htm。

是坚持类似发展模式。

3. 农业为主，发挥民族优势促进区域发展

如河北新乐市彭家庄回族乡，调整农业产业结构，大力发展高效农业，推进农业产业化进程，并以食用菌、花生、大中棚西瓜和西瓜制种作为主导产业，同时依靠民族优势，发展畜牧养殖业。河北藁城市九门回族乡依托良好的地理优势和民族区域特色经济优势，围绕畜牧养殖促进乡镇企业和小城镇建设，积极推进全乡农业产业化进程。其他的如河北河间市果子洼回族乡、安徽定远县二龙回族乡、安徽凤台县李冲回族乡民族村、安徽淮南市潘集区古沟回族乡、河南民权县伯党回族乡、河南民权县胡集回族乡、河南封丘县荆乡回族乡（豫北最大的皮毛集散地）、河南禹州市山货回族乡、河南镇平县郭庄回族乡、河南蔡寨回族乡、河南新蔡县李桥回族镇、湖北钟祥市九里回族乡、湖南益阳市乍埠回族乡、四川松潘县十里回族乡、松潘县进安回族乡、青川县大院回族乡等，也采取类似发展模式。

4. 发展牛羊养殖，盘活农副业经济

比如河北无极县高头回族乡，加快农业产业结构调整，大力发展传统养殖业，努力增加农民收入，积极培养扶持养殖大户，使得高头肉牛交易市场成为北方最大的肉牛交易市场。

5. 农业品牌经济发展，创牌子谋发展

比如安徽颖上县赛涧回族乡，发展农业品牌，赛涧是远近闻名的"大蒜之乡"，该乡人民种植大蒜已有几百年历史，这里种植的蒜薹以粗大、白长、脆嫩著称，远销山东、河北、内蒙古、黑龙江、新疆等地，近年来，随着种植业结构的调整，该乡每年大蒜种植面积达6000亩以上。其他如湖南邵阳市山界回族乡、四川青川县蒿溪回族乡，也都致力于打造特色农业品牌，助推产业发展。

6. 依靠境内资源优势，发展特色经济及民族经济

比如河南叶县马庄回族乡为大型含盐带中心，地下盐矿含量极其丰富。1986年12月，化工部钾盐地质大队勘探查明，该盐带面积约400平方千米，储量2000亿吨，属特大型优质盐矿，形成了以清真食品加工为核心的支柱产业，经济迅猛发展，先后被农业部等部门命名为"中原黄牛产品开发第一乡"和乡镇企业"状元乡"。又比如河北永清县管家务回

族乡、河南袁店回族乡，境内有丰富的硅石储备，以此为基础发挥资源优势。

7. 依靠交通优势，发展工业支柱

比如河北沧州市杜林回族乡，沧保公路、京沪高速公路、朔黄铁路从该乡腹地纵横穿过，与乡村公路交会成网，全乡现有个体企业563家，民营企业32家，主要行业有汽车配件、包装、化工三个门类，汽车配件行业为本乡支柱产业。还比如河北沧州市李天木回族乡、安徽长丰县孤堆回族乡等，也依托优越的交通区位优势，发展物流业及相关配套产业。

8. 依托林业优势，涵养生态经济发展

内蒙古赤峰市元宝山区小五家回族乡，辖区内森林覆盖率达到71%，2001年被赤峰市评为全市生态建设先进集体。安徽寿县陶店回族乡的水产业（银鱼、瓦虾、野生鱼类）、胶粉、木业、建材等主导产品已具规模。绿色、生态将是未来经济发展的主导方向。

9. 依托山区资源和旅游资源，发展第三产业

比如吉林省九台市胡家回族乡大力挖掘山区资源，发展旅游经济，该乡有鸡冠山风景区，拥有壮丽的自然景观、丰富的自然资源与悠久的历史文化资源，是发展旅游产业不可多得的资源赋存。

10. 依托区域优势，走在全国回族民族乡镇前列

如江苏高邮市菱塘回族乡为江苏省唯一的少数民族乡，位于江苏省中部，扬州市北郊，高邮湖西畔，唐朝时即有"胡商"在此居住，元朝时有回民定居的"回回湾"。近年来，菱塘乡的绿色照明、现代农业、民族旅游及特种电缆产业等突飞猛进，使之成为全国最具穆斯林特色的城镇之一。

11. 农牧相间，发展特色民族文化

比如安徽省五河县临北回族乡，临北狮子舞多次在全国和省、市、县重大活动中获奖，临北毽球在全省农民运动会和少数民族运动会上也多次获奖，已成为传统民族体育项目。又如河南省郏县姚庄回族乡，当地茶食文化积淀深厚，以三郎庙村为中心的饮食服务业源远流长，素有"茶食之乡"之美誉，郏县三绝"牛肉、茶水、面"，姚庄占了其中的"牛肉、茶水"二绝。当地流传着"玉泉"的传说，说苏轼父子在此地发现了"玉泉"，用"玉泉"水泡出的茶满而不溢，具有营养、保健的功

效。其他如河南襄城县颍桥回族镇、河南临颍县繁城回族镇、湖北洪湖市老湾回族乡、湖北郧西县湖北口回族乡等，也都有各具地方特色的民族文化遗产。

12. 依靠沿岸便利，发展外海经济，文化厚重

比如福建惠安县百崎回族乡，百崎乡属大泉州总体规划中洛秀组团的重要组成部分，随着大泉州的跨江东拓，洛秀新城区的动工建设以及秀涂港、惠南工业园区的开发建设，区位优势更加凸显。百崎人秉承阿拉伯后裔经商意识强的传统，工业起步早，民营经济活跃，现已培育了制鞋、航运、机械制造三大支柱产业，全乡大小企业100多家，从业人员1.2万人。

13. 区域位于县城城关近郊，借力县域发展经济

比如河南太康县城关回族镇、河南淮阳县城关回族镇、河南宁陵县城关回族镇、河南睢县城关回族镇、河南沈丘县槐店回族镇、河南洛宁县王范回族镇、云南昭通市昭阳区守望回族乡、昭通市昭阳区布嘎回族乡等，均位于县市近郊，便于利用区位优势，借力发展。

14. 发展民族和生态旅游，促进农村经济发展

比如河南许昌县艾庄回族乡，开展了以唱响道教文化为主要内容的群众文化活动，建设以天宝宫为中心的道教文化游览区，建设以清真寺为中心的伊斯兰文化游览区，在西部岗区建设千亩乌克兰大樱桃为主的生态旅游观光园。又比如广西桂林草坪回族乡，依托旅游发展生态农业，依托大圩至草坪绵延16千米的旅游线路，建设生态农业观光带，实施了"优果工程"，先后在大草公路沿线草坪畔里开发南方优质梨，在潜经村一带发展红桃、无核黄皮、大果枇杷，在大田村发展高山月柿，在冠岩景区和神龙谷森林度假村沿线种植美国香草莓，使大草公路沿线初步形成了春观叶、秋采果的优质水果观光带，构建起了以冠岩景区为龙头的草坪回族乡观光旅游圈。又比如湖北仙桃市沔城回族镇，是有着1500多年历史的文化古城，历史文化资源源远流长，红色革命文化极为厚重，名胜古迹众多，人文景观独特，可谓是人杰地灵、英才辈出之地，道教文化、佛教文化、伊斯兰教文化相互交融，每年吸引大批游客。

15. 经济发展薄弱，较为落后地区

比如四川阆中市博树回族乡、西昌市高草回族乡、西昌市裕隆回族

乡、西昌市羊角坝回族乡、盐亭县大兴回族乡、盘县特区普田回族乡、云南鲁甸县桃源回族乡、鲁甸县茨院回族乡等，地处偏远地区，自然及人文资源匮乏，经济发展相对缓慢。

16. 回族与其他少数民族共同发展的回族乡镇

如湖南常德市许家桥回族维吾尔族乡、平坝县十字回族苗族乡等，除了回族的经济形式，还包含其他少数民族的经济形式，形成多民族经济形式并存发展的局面。

笔者统计了全国 137 个回族乡镇，并根据它们各自的特色和发展类型分为以上十六类。笔者发现，经济发展好的大都分布在东南地区，如江苏高邮市菱塘回族乡、北京的朝阳区常营回族乡、福建惠安县百崎回族乡等，或处于大中型城市附近或东部沿海发达地区，以城市化或新兴工业化为主，经济形式不拘泥于民族经济。而中部平原地区的回族乡镇以农业经济发展为主，主要依靠民族特色经济、依靠区域内的特产和资源、依靠交通条件或依托县域经济，经济发展的支撑点不多。而西部回族乡镇则大多数处于贫困状况，有一定程度的民族经济成分发展，但是发展空间较小，地域投资环境较差，吸引外资条件较差，属于落后的经济发展状态，急需寻找新的经济增长点，主要分布在新疆、甘肃、四川、云南、贵州、青海等几个省份。而从区域上看，张鲁属于中部平原的一个典型回族村落，经济形式还是以农业经济为主。

（二）周边汉族乡镇的发展比较

张鲁周边的村镇经济发展较为滞后，多是以农业为主，经济发展的形式较为单一，因处于农业主产区，吸引外来投资不足，农民外出打工较多，虽然有一定的农业合作经营形式，但效益不高。笔者分析认为，这与"人散"有关。根据从张鲁镇政府所获得数据来看，每年张鲁的企业为周边乡镇提供 3000—5000 个就业岗位，就业人员几乎形成一个外来务工人员村。由于企业效益好，劳动需求高，加上工资较高，吸引了周边乡镇的农业人员从事第二和第三产业生产。笔者在当地调研时还发现，在乡镇西部工业区，每当下午下班时间，都有成批的工人或骑着自行车或骑着电动车返回张鲁周围的乡镇里。多元经济的发展提供了就业岗位，发展了当地经济，所以相比周边村镇，张鲁具有经济的带动和示范作用。

第四节　小　结

作为具有典型特色的东部散杂居回族聚集区来说，张鲁镇发展没有一定的模式可以遵循，但纵观其发展的过程，回族农村经济的发展应该尊重传统，同时注重与现代化发展相结合，培育有经济根基并有发展前景的第二、第三产业经济形式。从张鲁的经济变迁来看，如何保持农业发展的根基、优化农业生产布局是重点，同时立足于发现村落经济的优势，而结合当地的特色，就是积极尊重并引导回族商业贸易的发展。改革开放后，当地培育小型经济共同体，发挥民族经济的优势，政府和村级组织给予扶持，逐渐形成目前以张鲁为中心并与周边汉族村镇互动发展的小型地域经济共同体。而这种共同体逐步替代了改革开放前的公社制生产和工分制的生产合作形式，提高了生产效率，打破了村庄的封闭性。由于乡镇中有很多的就业和创收机会，形成人口回流，现在很少有人愿意外出打工。

本章通过历史变迁描述的手法，图景式地反映了张鲁经济变迁的全过程，重点反映了新中国成立后的张鲁经济变迁的状况，通过历史文献研究和访谈的方法，呈现了当地经济的时代变迁，而对当前经济状况的研究则采用了问卷调查和实地研究的方法。张鲁作为一个典型的我国东部散杂居回族聚集区，它的特点是处于山东西北部的华北平原地区，经济欠发达，百年来都以农业经济为主，它不处于经济发达的大中城市周围，也不处于东部沿海经济较发达地区，不能借力发展，地域上的劣势、资源的匮乏、周边经济形式发展的单一、信息的闭塞是其发展的瓶颈，但其发展的优势在于其回族经济的特色。从明朝洪武之后的三百年里，一直到中华人民共和国成立，当地的手工业和商品经济繁荣发展，只不过后来由于国家政治的嵌入，经济听命于政治，丧失了其继续发展的环境基础。但随着改革开放后多元经济的发展，张鲁借力民族经济迸发出强大的生命力和活力。笔者认为，这是由于其很好地处理了传统发展与现代化发展之间的关系，注意调整农业经济发展形式，关注新型农业的发展，依然以农业经济为基础，使回族手工业、回族工商业繁荣有序，吸引了劳动力回流并为周边汉族村庄劳动力提供就业岗位，良好的民族关系成为经济发展的外部环境，村庄内部的宗教首领或宗族能人挑头，再加上政府政策的扶持，所以说张鲁经济发展有其典型性和必然性。费孝通先生曾在其《江村经济》一书中写道："强调传统力量与新的动力具有同等重要性是必要的，因为中国经济生活变迁的真正过程，既不是从西方社会制度直接转渡的过程，也不仅是传统的平衡受到干扰而已。"①所以，当前乡村社会的发展，不能单纯地完全依靠现代化的推动力量，同时要顾及和尊重乡村社会原有的传统力量对乡村社会发展的作用力！

---

① 费孝通：《江村经济——中国农民的生活》，商务印书馆2002年版，第20页。

第 六 章

村庄权力变迁

本章主要论述张鲁镇60多年来政治生活的变迁。处于汉族大居住区中的回族聚集区，在国家政治嵌入及内部多重力量影响下产生巨大的政治制度变迁，其影响主体包含体制外的权力主体以及体制内的权力主体。改革开放前的政治因素以国家政策的嵌入影响为主；改革开放后，随着经济体制、社会生活的变迁，体制外的权力主体影响因素开始发挥作用，包含乡镇经济性、宗教性以及宗族性的色彩，呈现出相互影响、相互制约的社会关系网。

第一节 1949 年前的回族村落政治体系

传统村落并不是政府的行政组成部分，在 1949 年前国民党统治时期，政府为了在农村有效地节制共产党的发展，于 1932 年引入保甲制度，张鲁在当时也实行了这种制度，具体来说，就是 10 户为一保，10 保为一甲，几个甲合并成为一个乡，乡属于区管理。当时的国民政府行政权力是按照中央政府—省政府—县政府—区政府的序列垂直形成的。乡村主要是通过非正式的社区领导来运作，村庄政治体系高度自治，而政府只是作为监控机构而存在。根据查阅的文献资料显示，1934 年，张鲁共有14 个甲，140 个保，约 1400 户。张鲁属于较大的回民聚集区，抗战时期由于马本斋司令员的回民支队在此活动，国民党的统治影响力不强。据村里老人介绍，1937 年前，主要是国民党统治有一定的影响力，而 1937年后，随着日军入侵及共产党抗日武装力量的活跃，当地的政治力量出现日伪军占据点"扫荡"和共产党抗日革命根据地以及国民党地方乡绅势力并存的局面,政治力量较为复杂。而在1945年后,随着莘县解放,当地建立了共产党领导的新政权。解放前保甲制度的主要社会功能是协助政府实施行政功能,它只是传达政府命令的媒介,并不具备发展经济和提高人民社会生活的功能。其实保甲制度作为政府在农村的行政机构,很多功能不能体现,比如在抗日战争期间便不能帮助政府征收兵源,其主要功能都包括可以向政府报告村民的状况和反动组织存在的情形,还需要帮助政府收税,所以其当时在张鲁的权力结构中发挥的作用并不大。当时很多在当地有声望和财产较为丰厚的人并不想当保长,因为保长的日常工作较为繁杂而且没有实际的利益。所以,中央的权力介入对当地的影响较弱,外部植入的保甲制度无法替代当地传统的非正式权力体系。

1949年前张鲁传统的非正式权力体系主要包括以下几个方面:①以宗教为基础的寺管会;②以查拳为基础的带有自卫性质的回民救国会;③以"马家院"等以姓氏为首的宗族组织。

寺管会是当时最有权力的地方机构,各村中凡是年满60岁以上的回族老人,经过族内推荐、具有一定的声望都可加入寺管会。寺管会的住持由寺内的阿訇担任,住持一般三年一改选,常从马姓、蔡姓、杨姓等成员中产生。阿訇的推选一般为世袭,多从人数较多、声望较大的回族家族中产生,青年时外出到经学院学习经文和宗教习俗,学成后回来跟随老阿訇主持宗教仪式。寺管会的主要职责是开展张鲁的宗教活动,通过宗教仪式和活动来增强全体回民的凝聚力和荣誉感,增强民族的团结。其次是构建和维护社会秩序以及回民的权益,各村中如果有违反乡规民约而且难以自动平息的事件,比如经济纠纷、暴力冲突和虐待老人等行为,都需要经过寺管会来解决。不服从的可以到县一级的政府部门寻求解决,但是当时政府和法律对农村的干预较少。寺管会的另一个重要功能是维护回民自身的权利,当回民与汉民发生冲突时,当汉族侵犯了回族的宗教和信仰权利时,寺管会有权力行使干预权,或者通过自己的武装,比如"回民救国会",对村庄和回民进行保护,"回民救国会"这种回民自己的自卫武装的领导人的确定也需要寺管会的推荐并执行寺管会的决定。寺管会也制定相应的规章制度,使其管理日常事务以至工作正常运转。

直到今天,寺管会仍然发挥着巨大的作用,但是行政权力和影响没有1949年前那么巨大，甚至趋于弱化，表现为违反乡约的事情时有发生，而且回民中的年青一代随着外出接触新鲜事物而不再服从老年人。笔者的研究兴趣在于对张鲁政治变迁的陈述，对于寺管会这条在张鲁迄今为止以及未来仍将发挥重要作用的乡村权力主线尤为关注。正如绪论中所说，张鲁是一个多姓氏共生的回汉杂居村，单以回族村落来说，由于宗族在中国农村社会构成中的内聚力和排斥力，同一地域中的族际关系是很值得重视的因素，可以说村中的各族人总体上相处是和谐的，但一旦涉及家族身份，分歧常常会存在。比如马姓族人因为人多常常看不起其他族姓的人，杨姓族人因为多从事商业生意比较富裕又看不起马姓族人的贫穷。在处理宗教和内部事务的时候，讲求一种均衡，也形成宗族内部的相互制约，在牵扯利益时尽量不失偏颇（见图6-1）。

图6-1　张鲁蔡永清阿訇和其夫人在本斋烈士陵园

"回民救国会"起初是以一些练习查拳的青少年为强身健体而成立的青年组织。后来随着日军入侵张鲁，逐步演化为社区内合法并被认可的地方武装组织。其"合法"主要指它与政府的关系，在当时国破家亡、山河不在的混乱时期，国民党政府对于这种民间武装采取默许的态度，希望通过它来维持地方的秩序。"查拳"是形成于山东冠县一带的一种本意以强身健体为主的拳路,可攻可守。"查拳"作为回族的特色活动广泛受到回族青年的喜爱,调研期间,曾探访许多当年练习查拳的老人们,还有他们背后一个个感人至深的故事。"回民救国会"由单纯的自卫逐步演变为配合抗日军队的地方武装,马本斋将军在冀鲁豫边区开展抗日斗争的时候,张鲁"回民救国会"发挥了重要的作用,如掩护伤员、战备补给、传送情报等(见图6-2)。

图6-2 张鲁练习查拳的回族人

在1949年前的张鲁农村,正式的权力结构对其渗透性不强,因此农村权力的构成通常由两个部分组成:一部分是草根级的权威,比如宗教领袖、族长、乡绅、地方精英,他们在财产和家族组织以及地方武装中占据巨大的优势;另一部分是上一级的行政架构的代理人,比如说保长、里正等,他们属于行政架构的组成部分(见图6-3)。

这种权威结构的二元共存局面在土地改革后逐渐产生变化,乡村的新式权威逐渐形成,草根式的政治性权力逐步与正式政权体系接轨,而一些不能进行接轨的则被限制和走向衰退。结合张鲁的政治变迁,从土地改革到后来的家庭联产承包责任制,再到以后的新农村建设村民自治的推行,每个阶段的农村干部的产生都有不同的特点。土地改革后的农村干部产生主要依靠上级部门,因此,政治性考虑成为主要的选拔依据,

图 6 - 3　张鲁回族救国会中的民兵

其评价的标准是完成上级下达任务的能力，所以，出身好的、有一定能力的、群众基础较好的村民是担任村干部的最佳人选。

第二节　1949 年后至改革开放初期的回族村落政治体系变迁

随着莘县的解放以及新中国的成立，中国的农村摧毁了原有的政治权力结构，解放前所有农村反动武装土崩瓦解，旧的权力架构在很短的时间内分崩离析。此后的三十年间，单一的经济模式和国家权力强势进入农村，以生产队—生产大队—人民公社模式为主导的农村权力运行模式把农民牢牢地束缚在土地之上。大队书记和大队干部成为国家在基层社会的代理人，时至今日，在张鲁访谈时，回想起当年的情景，还有很多人以能成为大队干部为光荣。

中国共产党领导下的农村政权的建立，重新架构起张鲁的行政体系，建立之初就对反动农村武装及地方恶霸势力起到震慑作用，随着广大受欺负和压迫的贫苦农民的翻身，新权力迅速让这些受恩惠的家庭所接受和认可。以张鲁南街村为例，村长和副村长由区政府任命，他们都是在土地改革中最坚决拥护和最积极开展运动的回族贫民，这些土地改革运动中的积极分子逐步成为新权力结构的核心。当时南街村的村长是一位三十岁出头的青年小伙，具有高小文凭，曾经是回族儿童团的团长。

1949 年，随着全国革命的胜利，政府在张鲁组织正式的民兵武装，它隶属于县公安局，由公安局统一选派人员开展培训。这样，村里的武装队伍与国家武装序列紧密地联系在一起。农委会成为村里新的权力中心，农委会的主要功能是发展保护农村社区的福利，主要代表贫农和中农的利益。共青团和妇联的分支机构也在村中建立起来，在维持当地秩序中发挥着重要的影响。经过 1949 年初期的改造，张鲁镇被整合到国家中央集权体制之中去，主要是通过系统性的权力控制，以农委会为中心，通过宣传和开展各类运动对村庄事务各个方面进行渗透。那个时期，通过各种会议、思想工作小组、墙报、标语等宣传手段，村民开始对新的国家政权及其政治理念有所认识，并让每个村民在实实在在的日常生活中体验到新政权所带来的巨大变化。

1949 年后，张鲁镇新的组织和权力的架构彻底改变了社区组织生活的全貌，张鲁出现了前所未有的集权化和科层制的组织形式，私有经济转化为集体经济，传统的农业经济单位家庭逐步向合作社和人民公社过渡，整个村落在国家政治的高度嵌入下更加有机地结合起来，行动的步调越来越一致，社区的政治、经济和文化各个方面条理清晰，融入国家生活之中。以人民公社时期的张鲁行政组织结构来分析：公社和大队组织几乎直接领导了张鲁的各个组织，而公社的核心是党组织，尽管组织的形式具有典型的科层制的特点，但是由于"一大二公和政社合一"，在现实运作时，其缺乏变通和活力以及僵化的组织形式又不利于经济的发展，逐步形成"瞎指挥，浮夸风"，所以当时张鲁的政治形态对经济发展产生了不可估量的影响，导致官僚主义、形式主义和平均主义的倾向，生产力受到极大的损害（见图 6-4）。

随着"文化大革命"的到来，兴起了"破四旧"运动，即"破除几千年来一切剥削阶级所造成的毒害人民的旧思想、旧文化、旧风俗、旧习惯"。在张鲁，伊斯兰教被视为攻击的对象，广大回族村民不能再开展宗教活动，不能行使宗教的权利，教派的活动也被禁止，实际上从 1949 年后的各种政治运动一直到改革开放前期，张鲁的回族村民在解放前所形成的各种宗教的势力都被国家政权所控制，体现为这段时期政治对宗

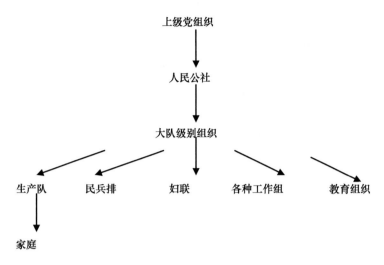

图6-4　人民公社时期的张鲁权力组织架构

教信仰的侵入，无法发挥应有的影响力。根据访谈资料，1966年，莘县"四清"工作组对张鲁清真寺进行拆除，这座始建于明朝永乐年间的清真寺部分寺体被推倒，大小净的场所被改成牲畜饲养所，大寺内的清代墙刻被写上革命标语。当时还发生了一件张鲁回民舍己保护清真寺的悲情故事。1966年11月中旬，莘县"破四旧"工作领导小组来张鲁清真寺开展拆除行动，提前收到消息的张鲁公社南街大队原阿訇马某及东街阿訇蔡某联合了一百多名回族群众挡在清真寺大门前以阻止拆寺行为，与县里来的拆寺小组发生冲突，双方因为言语不和发生武斗，双方有多人流血受伤，其后县公安局派人把马阿訇和蔡阿訇以及几名带头人抓走，送往监狱关押。张鲁回族的宗教活动被全面禁止，主要宗教人物被教化学习，平时受工宣队的监视。

　　从以上资料可以看出，虽然张鲁的土地改革运动实施较早，革命的底子较为深厚，但是随着1949年后的各项政治运动的开展，一直持续到粉碎"四人帮"即改革开放以前，张鲁的权力组织具有很强的国家政策嵌入性及政治性。宗教对政治的影响微乎其微，宗教活动遭到全面禁止，并在"文化大革命"时达到顶峰。而政治性的主导影响到经济社会的发展，作为主导性的农村政治经济合一的组织"人民公社"主导了乡村生产生活的方方面面。

第三节 改革开放后至今的回族
村落政治体系特点

改革开放后，随着经济社会的发展，张鲁镇居于掌控各种政治权力地位的个人或群体各不相同。在经济领域里，掌握着大量的物质财富的经济强人与经营者处于优势的地位；在家族领域里，享有威望的年长者的意见通常会得到家族成员的认同或尊重；在宗教领域里，阿訇具有较高的权威和影响力；在政治领域中，社区内的党组织和村民委员会又掌握有绝对的领导权。以上几个不同的领域中，权力主体和权力对象角色又频繁更迭，在自己所掌握的领域中处于主体地位的个人或者群体，在其他人为主体或占据优势的领域或者成为被管理的对象，所以在权力谱系中处于相互制约和牵制的地位。

张鲁是一个典型的回汉聚集区，受回族生活习惯及宗教信仰等方面的影响，使其不仅具有汉族等社区的政治特征，同时还具有回族社区的政治特征。由于受到生活习惯的限制和宗教信仰方面的影响，回族自古以来便形成了围绕清真寺居住、依坊而商的居住特点。以张鲁为例，其清真寺建在张鲁中街，其余四个街（村）围绕其四周，从而形成整个乡镇的村落又围绕清真寺展开的格局。村落内的居民相互之间通婚，普遍具有或多或少的亲属关系，相较于汉族社区的宗族性在国家政治的影响下趋于瓦解，回族社区相对稳定，所以其仍然在"夹缝中顽强地生长"。回族村落是一个"熟人社会"，人们之间的关系相对紧密，邻里之间相对熟识，其中居住的"大姓"与宗族内部的族长及"精英的特权"发挥着至关重要的作用。同时改革开放后，宗教信仰自由，回族多信仰伊斯兰教，回族村民多在清真寺中进行宗教活动，阿訇等宗教人士多具有一定的号召力，其作为宗教领袖的力量在这一时期不容小觑。

一 政府行政权力的影响

随着村民自治的推进，政府行政权力在村落政治中的影响日益减弱，取而代之的是社会权力呈现增强的趋势。根据《中华人民共和国村民委员会组织法》的规定，乡镇一级政府只能通过村党组织来对村落社会进行管理，而村支书作为村党组织的代表是联系村和乡镇政府的纽带。而为了加强村支书和乡镇政府之间的联系和管理，便于村支书迅速了解国家的行政性命令，在两者之间常设管区书记。张鲁镇分为十个管区，分别是张鲁管区、杨村管区、化庄管区、董王庄管区、大索庄管区、韩庄管区、马村管区、耿楼管区、刘楼管区、于楼管区，每个管区下辖4—6个村。管区书记没有行政命令签发权力，只是作为镇政府同村委会之间沟通的媒介。笔者曾对马村管区书记及张鲁管区书记进行访谈，这两位管区书记年龄在25—30岁，其他的管区书记同其年龄相仿，但已有5年左右的乡村工作经验，平时除了传达国家行政命令外，更多的是协调镇政府同村之间的关系，正确处理突发性事件，积极开展各种宣传活动及调查研究，及时反映社情民意以及协调管区内村庄之间的关系。管区书记由镇党委书记直接领导，定期参加由镇政府组织的办公会。管区书记的任务较重，许多行政性命令都是通过管区书记传达。

按照《中华人民共和国村民委员会组织法》第四条规定："乡、民族乡、镇的人民政府对村民委员会的工作给予指导、支持和帮助。但不得干预依法属于村民自治范围内的事项。村民委员会协助乡、民族乡、镇的人民政府开展工作。"所以说自20世纪70年代后期起，撤销人民公社制度后，随着中国农村政权体系的变革，国家政权设在乡镇一级，其属于国家在农村的基层政权，而村民委员会不是基层政权，也不是社会团体，其性质是由村民实行社会自治权的基层组织。

在调研中发现，近67%的被访者认为镇政府同村委会存在领导与被领导的关系。在同村干部的访谈中也发现：在镇政府的命令通过管区书记下达到村后，村委会会根据本村的实际情况落实上级的政策，如果镇政府的政策不太符合现实状况，可以变通地向镇政府反映，但是这种更改政令的情况比较少，大多数是执行命令，所以村委会在某种程度上就变成镇政府的下级机关。

在新形势下的村民自治中，国家行政权力与村民自治权利在乡村政治中存在一种不均衡的对抗，主要表现为政府对于村民自治的过度干预，这其中包含了乡镇政府与村自治组织之间的角色冲突，既有行政体制和财政体制等制度上的问题，也有农村基层干部综合素质较差的问题。在撤社建镇后，有利于统筹规划，有利于整体性地发展农业经济。但是随着村民自治政策的出台，政府的行政干预还是很强。

以当前张鲁镇的新农居建设为例，刘楼管区从 2010 年开始进行新农居规划及建设，由于该区位于张鲁东部靠近莘县到张鲁的公路，管区内村落多位于公路两旁，上级领导来张鲁视察工作必经过刘楼管区，刘楼人口较多，且村落环境较差，张鲁的新居建设开始于此，首先在刘楼管区的两个村开始实施新的城乡规划，一期是沿街商铺的建设及厂房建设，二期是新农居楼房的兴建。但在征地补偿款与规划设计方面，村委会与镇政府意见不协调，在沿街商铺和厂房建设上村委会与镇政府的补偿方案相左，村委会想获得一部分商铺的使用权和经营权，而镇政府准备在补偿之后将其以租售的形式对外租售。在新居建设方面，镇政府的规划也与村委会的意见有相悖的地方。但在后期执行时，在县政府的协调下，村民除获得补偿外，没有获得商铺的优先租用权。

总体来看，在改革开放后，20 世纪 50 年代建立起来的政社合一的人民公社体制被"乡政村治"的治理模式所取代，有学者认为，"村民委员会组织法推行以后，乡政村治成为今日中国农村政治的基本模式，村治乃乡政之基石"。[①] 随着张鲁镇个体家庭经济的发展、集体的经济功能和组织功能的消退，原有的国家乡村政治的干预有所减弱，但是政府的干预还具有很强的行政性命令力。同时，乡政管理与村民自治的二元并存是 20 世纪 80 年代以后确立下来的农村治理新模式，张鲁镇在村民自治领域也进行了卓有成效的探索与实践。

二 "村两委"的关系

村党支部与村民委员会共同构成了"村两委"，它是中国实行村民自治后的一种村党政关系。很多学者认为，农村的政治关系在村民自治制度形成后发生巨变，在一定程度上表现为村党支部同村民委员会的利益博弈，具体表现在决策权与执行权的较量。在法律意义上，根据《中国共产党农村基层组织工作条例》《中华人民共和国村民委员会组织法》等法律法规的规定，村党支部是村级组织的领导核心，村委会是党领导下

---

① 张厚安：《民主科学的结晶村民自治的章程——从章丘经验看深化农村改革的新的启动点》，《社会主义研究》1991 年第 5 期。

的基层群众性自治组织，党组织要支持村委会依法开展自治活动（见图6-5）。

图6-5　张鲁回族镇马北村村委会宣传墙上的善行义举四德榜

在张鲁南街调研时发现，村党总支与村委会在开展工作时确实存在权责不清的情况，可能导致关系不和，张鲁南街的村党总支马书记是任职将近十几年的老书记，村委会左主任兼任村党支部副书记。村党总支在社区事务中发挥领导的核心作用，对重大事情和重要问题进行决策，但在执行过程中主要由村委会执行，决策中可能会出现决策失误或者决策不清，但是在实际的运作过程中的不可控性则由村委会承担。同时村党总支存在越权行为，法律赋予村民委员会办理本村公共事务和公益事业以及调解纠纷和维护社会治安，以及向上级政府反映村民的意见，但这些事务很多由村党总支负责。最近几年甚至出现由于监管不力导致村党支部书记私自套取农村小麦直补款项的犯罪案例。

近几年来，由于张鲁镇乡村行政改革的不断深入，逐步确立了村党总支主导下的"两委协政"型的政策，即村党总支根据实际情况进行决策，支持村委会开展工作，而村委会服从村党总支的领导，协助其开展社区管理和服务，权责分明。同时村党总支和村委会的各部门之间相互兼任对方的职务，有利于统筹管理从而避免矛盾。一个办公地点挂两块牌子从而加强沟通。

中国农村"二元权力结构是中国农村政治现实","两委"关系是当前农村基层组织体系中的最重要环节。党总支代表党的政治领导权，而村委会则代表村民自治权，两者是共同作用于农村建设的，但在现实的调研中还是深深地感受到了"党强村弱"的现状，不能很好地体现自下而上的村民自治的权威。党支部的决策很好，工作开展得很好，经常学习齐鲁先锋网，党员的素质很好，这是正确的道路，但如何更好地建设"党强村强"的村两委关系是笔者所思考的。此外，强有力的领头雁也是农村经济社会所必不可少的内部权力影响因素，"一强强一片，一尿尿一窝"说的就是这个道理。"农村富不富，关键在支部，支部强不强，关键在书记。"

三 乡镇内部权力主体的影响

张鲁镇的乡镇内部权力主体是当地政治脉络上的重要影响节点，他们与国家行政权力及村两委共同影响了当地经济社会发展，也影响了乡村社区的权力结构和乡村治理的成效。在这里着重介绍张鲁镇的回族宗教的影响和回族群众的影响。

马林诺夫斯基（Malinowski）在其《文化论》一书中曾经提道："任何形式的宗教都以适应社会与个人发展的需要，在伦理上，宗教使得人类的生活和行为神圣化，从而使其变成最强有力的一种社会控制。"[1] 既然宗教可以适应人们的生活，宗教也可以通过人们的信仰来对政治产生影响。许多有关回族研究的文章都曾描述清真寺在回民社会生活中所起到的重要作用。如李小卫从宗教、教育、社会、经济、建筑美学、史学、伦理道德、旅游价值等方面分析了清真寺的社会功能与文化价值[2]；马丽蓉也指出，提供宗教礼拜场所是清真寺的基本功能，内含"六大信仰"的宣传和"五大功修"的实践，在不断协调人神关系中凸显清真寺传播与实践伊斯兰神学精神的实质，并派生出基本建筑元素"变与不变"的

---

[1] ［英］马林诺夫斯基：《文化论》，费孝通译，华夏出版社 2002 年版，第 131 页。

[2] 李小卫：《浅析清真寺的社会功能与文化价值》，《北京第二外国语学院学报》2006 年第 6 期。

发展规律，清真寺还具有教育、科研、慈善、司法、外交、社区服务等一系列衍生功能，渗透着伊斯兰"世俗关切"的情怀，解决了人与人之间的关系①。时至今日，大多数回民聚集区依然是依寺而建，清真寺所代表的伊斯兰教的回族宗教信仰所起到的巨大内生作用仍不容小觑。张鲁是典型的散杂居回族聚集区，伊斯兰教的文化气息弥漫着整个村庄，不仅体现在社会生活（衣食住行）等方方面面，也更强烈地体现在精神生活领域。每个刚出生的婴儿都要被取经名，几乎所有的村民都信仰伊斯兰教，老年人经常会到清真寺做礼拜，年轻人则较少，但是清真寺所体现的宗教的凝聚力与号召力则日益彰显。而以阿訇和哈里发所代表的宗教领袖的力量则具有权威的作用，比较容易在回族村民中产生影响力。阿訇是伊斯兰教的教职称谓，他们向穆斯林传授伊斯兰经教义和教规，主持伊斯兰教仪式，在某种意义上，阿訇是穆斯林群众的精神领袖，普遍受到穆斯林群众的尊重和支持，比如张鲁回族镇的阿訇在聚礼时以"劝导""训诫"等为目的的"卧而兹"讲经就具有很强的宗教引导作用。哈里发是阿訇的学徒，协助阿訇开展宗教活动，在教民的眼中同样具有很强的宗教影响力。

在当地宗教人士有较大的权威和群众影响力，回族村民在人生旅途上的各种仪式都与阿訇等宗教人士有关，其在当地政治生活中具有很强的影响力，具有社区整合性，阿訇多来自当地的大家族，受到良好的教育，具有较强的组织能力，所以在以张鲁镇这类散杂居少数民族聚集区，宗教影响成了国家权力和村民自治之外的第三个方面的影响。在张鲁镇，宗教人士还在村委会中兼职，其在参加村务管理时，会或多或少地表现一定的宗教色彩，即使没有宗教人士在村委会中兼职，在伊斯兰教影响如此深入的乡镇，权力主体在决策行政事务时也会考虑宗教组织或宗教人士的利益诉求。同时张鲁镇的镇长是回族，各回族村干部也是回族，他们也会考虑宗教方面的利益诉求，这点在当地的访谈中也得到印证。

回族宗族力量的影响也值得注意。宗族是指以父系血缘关系为纽带的社会人群共同体，任何一个宗族都是人丁繁衍到一定数量的结果。也许有人会认为以伊斯兰教为宗教信仰的回族不可能同汉族一样存在宗族

---

① 马丽蓉：《全球化背景下的清真寺功能评估》，《阿拉伯世界研究》2009 年第 1 期。

一说，但是当地同姓同宗的回族村民不但有族谱，还有以同姓式族群为首的族会的存在，因此笔者认为当地存在回族宗族力量。由于处于汉族文化的包围圈中，同时处于山东孔孟文化的大背景下，千百年来回族文化与儒家文化有一定的交融。以当地马姓回民居住的"马家院"为例，马姓回族在一定的区域内聚集居住，相互之间有辈分。同宗族会对当地的政治权力产生一定影响。当地回族宗族影响重要的一件事是2008年，马姓回民同族及蔡姓回民同族联名签字上书市政府翻修张鲁东街村的公路，最后付诸实施。

其实，我们在思考多重权力力量影响的同时，不可忽略的一个重要方面就是回族村民。当地经济发展表现为一种"强集体—弱个人"的发展趋势，当地的民众对政治也不感兴趣。

2010年笔者在当地任大学生村官时，曾经参加过当地的村民选举，作为工作人员笔者可以近距离地观察选举的全过程，选举的地点设在村委会办公室大院里，前方放了一排桌子，桌子两边各放了两个选票箱，桌子后边的村委会办公场所上悬挂了"张鲁南街村选举大会"的横幅。场内和村委会门口有一些佩戴"工作人员"胸牌的人员在维持现场秩序，还有镇派出所的民警前来。选票提前做好，上边列了候选人的名字，推荐的人画圈，不同意的画叉。村民在入场时领取选票和铅笔，待所有村民入场坐定后，镇里的副镇长开始讲话，大体意思就是严肃认真对待选举，杜绝关系票与人情票。其后现任村主任宣读选举程序，要选出七位村民委员会成员及村委会正副主任人选。每个村民可以选择7人及7人以下的候选人，超过7人选票作废。投票开始后，按照村民的落座位置，以20人为一组进行投票，选票放入前边桌子上的票箱中。投票完成后，许多村民就离开会场。等所有村民投票完成后，由投票前抽签决定的10名监票人和10名计票人统计选票，最后根据选票当场公布投票结果。

整个投票过程还是体现出公平、公开和公正，但也曾听闻镇里的工作人员讲，前几年张鲁镇的下辖村有贿赂村民以及暴力威胁村民投票的事情，某村搞公路运输的兄弟俩因为想参选村主任及村干部，包了两辆大客车带着部分村民去相邻的县城洗浴中心消费，回来后还给予每人一定的好处，使村民投其选票，在选举时还在会场外雇用社会不良人士给村民以压力，最后被县纪委依法查处。

大多数的张鲁回族村民对村务和乡镇事务不甚关心，他们主要关心如何提高个人收入，如何提高家庭生活水平。但是群众的力量不容小觑，现在合作社等村集体经济组织发展得很好，而村民代表会议却没有发挥村民在政治上所能发挥的作用，村务不透明，信息不公开，加之广大村民文化程度普遍不高，只有17.5%的村民认同村民代表会议的政治作用及其在处理村事务中所发挥的作用。由于村民的组织化程度不高，对村民的经济和政治等利益缺乏整合，这显然削弱了村民个人的政治效能感，使得政治参与成为"无用"之举。正如罗伯特·A. 达尔在其《现代政治分析》一书中谈道的："如果你认为你的所作所为无足轻重，因为你无论如何不能有效地改变结果，那你就不大会介入政治了。"①

第四节 小 结

张鲁的政治变迁客观地反映了1949年后中国农村政治转变的过程。1949年前，由于国家政治的弱嵌入性，当地村庄的真正权力主体是以宗教和宗族为核心的权力框架体系，而保甲制度仅仅是国家和村权力主体之间的信息传递或媒介。中华人民共和国成立后，随着土地改革的深入，其加速了旧有的权力结构的破灭，通过建立各种组织来重建村庄的权力结构，使得村庄管理纳入国家正式的权力体系之中，这种国家的强势介入一直持续到改革开放之前。改革开放后随着生产力的不断发展与农村经济模式的变革，在当地逐步形成国家权力、宗教势力、宗族影响和群众四位一体的政治关系，在汉族主体文化语境下的回族村落社会，政治诉求不甚明显，更多地表现为一种与经济发展相生的政治关系，所以说我们可以通过经济发展、经济结构、宗教及宗族力量等多个变量来衡量其在农村政治中所产生的影响。

---

① ［美］罗伯特·A. 达尔：《现代政治分析》，王沪宁等译，上海译文出版社1987年版，第173页。

第 七 章

社会生活变迁

社会生活涵盖的范围较广，主要包括生活方式、风俗习惯及教育和文化传承、宗教生活及回汉民族关系等几个方面。本章系统论述了张鲁回族镇1949年后至今的社会生活变迁。中华人民共和国成立后，回儒交融的张鲁传统的社会文化历经变迁，国家通过多种渠道重建国家与社会、宗教与民众之间的关系，深刻地影响着张鲁回族人民的日常生活。自1949年以来，传统的社会生活系统被打破，新的社会生活体系并未完全建立起来，传统的宗教信仰、风俗习惯与现代日常生活相互交织，构成了一幅社会生活变迁的生动画卷。

第一节　张鲁镇的回族生活方式与变迁

习近平总书记曾讲道："我们的人民热爱生活，期盼有更好的教育，更稳定的工作，更满意的收入，更可靠的社会保障，更高水平的医疗卫生服务，更舒适的居住条件，更优美的环境，期盼着孩子们能成长得更好，工作得更好，生活得更好。人民对美好生活的向往，就是我们的奋斗目标。"对生活质量的追求、对美好生活的向往是每一个人的基本诉求。张鲁镇回族人民的生活方式及其变迁，体现在衣食住行等各个方面。随着经济与社会的发展，张鲁镇回族人民的生活方式也经历着深刻的嬗变与重构。

一　回族服饰及其变迁
在服装上，回族区别于汉族最鲜明的特色是男子头戴一顶白色圆形的无檐小帽，女的头戴白色纱巾，又称"盖头"。回族的白帽有许多种叫法，诸如"回回帽""礼拜帽""孝帽"等，除了白色，也有红、黑、绿等几种颜色。回回帽多为的确良或白棉布制作，也有多角帽，以六角帽为例，六个角表示"六大信仰"，帽圈处有一个宽两寸的布条表示"万教归一"。在张鲁，年长者多戴回回帽，而年轻人则较少戴，年长者如果不戴回回帽，则被认为不讲求礼节。但不论年龄长幼，进清真寺过"乜帖"和"圣纪"等宗教仪式的时候需戴回回帽。回族的服饰多受伊斯兰教的影响，但也受中国传统文化的影响，同时回族的代表性服饰也保留了自己的传统性，白帽流传至今便是佐证。处于汉民族文化包围圈中的回族社会，虽然受居住环境、回汉通婚等因素的影响，但回族社会依然顽强地保持着自己的民族传统，而这些民族传统作为自我民族的信仰被本民族的人们所认同。回族的服饰以白色调为主，回族男性多喜欢穿准白和坎肩，准白是阿拉伯语音译，意思是袍子或长大衣，张鲁的阿訇和宗教人士多穿准白；坎肩则为男女都喜欢穿的大众化服装，回族男子多喜欢在白衬衫外再穿一件坎肩，坎肩上多有精美的伊斯兰教图案。在笔者的记忆里，笔者祖父很喜欢穿坎肩，坎肩上有许多兜，放着各种各样的用品。回族妇女的"盖头"是一种只露脸部，而把耳朵、头发和脖子遮在里边，从头顶垂到肩上的一种头巾。通常老年妇女戴白色的、中年妇女戴黑色的，而少女和已婚的少妇戴绿色或者其他鲜艳的颜色。在张鲁调研时，较少发现女性有戴"盖头"的现象，曾看到有老年妇女戴回回帽。在访谈中得知，在1949年前曾有较多的妇女戴"盖头"，1949年以来，当地回族妇女多不再戴"盖头"，而转为汉族服饰。当地流传的顺口溜："50年代白羊布，60年代白漂布，70年代的确良，80年代尼龙纱，90年代进口纱，20世纪真丝"，从中可看出回族服饰料子的变迁。张鲁当前的服饰都以整洁、干净、大方为主，年轻人多穿着色彩鲜艳、富有青春活力的服饰，而老年人则在穿着上较多地保留了民族传统（见图7-1）。

二　回族饮食及其变迁

张鲁镇回民对饮食颇有讲究，有好开饭店的传统，张鲁的名吃包括张鲁烧麦、烧牛尾、蒸酥肉、炸馓子、烧鸽、八大碗、羊肉丸子、油香、张鲁清真糕点、秘制烧羊蹄、锅塌羊肉、烩全羊、红烧牛鞭等。很多回

图7-1 清真寺礼拜

族家庭从小培养儿女做饭的手艺，所以当地回族村民常常烧得一手好菜（见图7-2）。

图7-2 张鲁清真菜系

回族菜常常被称为清真菜，清真饮食习俗来源于伊斯兰教教规，我们通常看到的清真字样的标签上，印有阿拉伯文单词"哈俩里"，是"合乎伊斯兰教法"的意思。猪肉是清真饮食中最鲜明、最敏感的禁忌，伊斯兰教认为猪是不洁净的动物，猪肉可以引发许多疾病。张鲁的回民从不提"猪"字，一些回汉矛盾常常是因为猪引起的。清真饮食还禁食所有动物的血液，认为其含有细菌。清代学者刘智在其《天方至圣实录》中说道："六畜中可以驱使而不可食者三，马、骡、驴也；可以驱使而复可以食者二，驼与牛也；只可供食不可驱使者，羊也"，"惟驼、牛、羊独具纯德，补益诚多，可以供食。"①

张鲁的清真菜属于鲁菜系列，其表现为炒、熘、爆、扒、烩、烧、煎、炸等做法，张鲁回民多喜食用牛羊肉，改革开放前由于生活条件较差，每家一年最多宰杀一到两只羊。随着食材的丰富与收入的增加，回民下馆子吃饭的机会也有所增加，巨大的市场需求产生了众多清真饭店，有名的包括"张鲁清真楼""本斋饭店"等，张鲁中街中心十字路口局域以及张鲁东街北侧的莘张公路上均有清真饭馆。

三　回族住房及变迁

回族居住形式最明显的特征是依靠清真寺聚集居住，比如一个村子、一条街道等。以山东为例，回族常常居住在交通要道和小城镇中，比如分布在大运河沿岸的德州、临清、聊城、张秋、济宁、台儿庄等地。几个大的回族聚集地如莱芜东关、青州东关、费县梁邱镇、临沭店头镇、泰安大汶口镇、淄博金岭镇、莘县张鲁回族镇等。一片片的回族聚集区犹如在汉族文化主体中的孤岛，星罗棋布地散落于齐鲁大地。当前张鲁的房屋还是依清真寺而建，清真寺位于张鲁中街，其余东西南北街的村庄围寺而建，基本上每家每户有个独院，其庭院的格局和建筑样式与山东的汉族村落民居并无多大差异，但是回民建设堂屋的时候（北屋），外墙处不会留下供奉神像的壁。张鲁回族建筑区别于汉族建筑最明显的是每家每户正门房梁上都有"都阿"，根据家庭的经济条件，有的用瓷砖贴上、有的用普通的染料写上去。"都阿"意义繁多，放在门梁上的意思主

---

① 林新乃：《中华风俗大观》，上海文艺出版社1991年版，第851页。

要是：主啊！把吉祥（安宁或者恩典）降临这户人家。当地回族的商铺和商店都会贴上"都阿"，回族饭店的牌匾常常会有当地酒厂赞助，比如燕塔酒业某某饭店，是由燕塔酒厂赞助的牌子，成为马路两边独特的风景。卖清真食品特别是牛羊肉的店铺，还常常挂一个带有汤瓶壶形的清真牌，四角上写有"清真回民""清真教门"或者是"西域回回"等，下面还会挂上布条，意思是脚布和手布。交通工具上写的"都阿"主要是"出入平安"的意思。

张鲁回族房屋的布局，都讲究靠北向南，这一讲究与采暖和采光有关，在房子的布局上，通常采取正房、侧房、厨房、草房、畜房和土房等，冬天为了阻挡西北风，通常会把厨房建在正房的西边，厨房门朝东开，正房通常在北侧，正房中间或一边通常为客厅，两边为卧室，有的张鲁民居客厅中常常有土炕。张鲁回族民居常常以正房的东边为老年人居所，正房东边侧房为上房。房屋中的摆设通常与汉族无差异，室内的装饰多以伊斯兰风格为主，比如会有回教历和公历相对照的挂历，有世界上著名的清真寺照片挂图等，还会在室内贴上"都阿"。笔者在入户调研时发现，张鲁回族人的屋内都相当整洁干净，干净整洁似乎是回族的一个文化传统，先知穆罕默德也把明亮干净的住房定为穆斯林今世可享受的幸福生活，当地回族的院落里也多种植各种植物，其中较为常见的几种植物有枣树、石榴树、柿子树、杏树、梨树、竹子、月季、牡丹等，还有不少回族家庭养信鸽。随着社会主义新农村建设的展开，当地建设新农村民居，主要以楼房为主，更加干净整洁，但是很多张鲁回民都不想搬到楼房里居住。"老屋虽简陋，甚是故乡情"，当地回族的宅院承载了一代代回族人的家族情和乡土情，离开老屋搬到楼上，他们总觉得失去了些什么。

四 当地的交通条件及其变迁

回族常常选择在交通便利的地区居住，张鲁回族镇位于冀鲁豫三省的交界处，西北几十千米为河北大名县，西南十几千米是河南南乐县，张鲁的交通位置十分重要。要致富先修路，1949 年前，张鲁没有通公路，境内都为土路。虽然如此，勤劳勇敢的张鲁人民依靠小推车走在土路上，支援了淮海战役等重大战役，在支前运动中做出巨大贡献。1949 年后，张鲁公路建设取得一定的进展，首先在20世纪50年代修通了从莘县到张鲁的莘张公路，连接张鲁与外界联系的通道，改变以前去趟县城要一个下午的局面。

20世纪六七十年代，由于没有普及汽车，据笔者祖母的回忆，张鲁人民的主要交通工具为自行车、手推车等，主要依靠人力、畜力运输，汽车、拖拉机等机械运输很少。日常出行中，自行车就已经是很便捷的交通工具了，那时张鲁人民多骑自行车去莘县县城，单程大约三个小时，很多时候人们步行去县城，往往需要耗费十几个小时。

直到20世纪80年代末，笔者由莘县到张鲁时，这段路程仍然极不方便，需乘坐一种叫"蹦蹦"的农用三轮车。这是一种较为简陋的公共交通工具，乘客坐在后边的车斗中，车斗两侧被安装上了两排座位，车斗被用皮质的斗篷包裹，坐在车上看不到外边的情况，冬天冷得透风、夏天热得如蒸笼。由于当时的公路年久失修，道路崎岖不平，司机常常需躲避各种坑沟，由于急刹车导致人仰马翻的情况时常发生，而且这种车噪声极大，单程大约需要两个小时。

20世纪90年代中后期，张鲁西侧、经过张鲁西环的丈樱公路（北到莘县大王寨乡丈八村，南至莘县樱桃园乡）修通，改变了张鲁只有一条通往莘县的公路的历史。自此，张鲁有了北可贯通聊城冠县到大广高速、南可贯通河南范县至连霍高速、西到河南邯郸、东到山东聊城的南北向和东西向公路网。由张鲁到莘县的公路车逐渐被淘汰，改为小客车运行，小客车多为个人承包跑运输，单程大约半个小时。

21世纪初期，张鲁开通了国营的由莘县到张鲁的客运客车，乘客乘车更加规范化，由莘县到张鲁单程票价7元。2008年，莘县公交总公司开通由莘县到张鲁镇的公交车，票价4元，由莘县到张鲁的国营和私营客运客车逐步退出历史舞台。21世纪末至今，张鲁镇开始开展村村通公路工程。截至今天，张鲁镇几个村都通了硬化公路。

由于当前张鲁回族镇交通便利，当地有许多回族群众做起运输生意，运输当地的农副产品到外地。还有浙江客商来当地洽谈业务，准备建立温州商贸城，这也是看中当地便利的交通条件。可见，交通的发展带动了当地经济与社会的发展。

第二节　风俗习惯及其变迁

　　张鲁镇的回族风俗习惯既延续着传统回族风俗习惯的特征，民族节日习俗、婚丧嫁娶等风俗习惯也随着新的时代条件不断变化，更多地体现为一种传统与现代、汉族与回族节日的混合与交织。

一　节日风俗与变迁

　　张鲁回族过的民族节日有斋月、开斋节、古尔邦节等。开斋节和古尔邦节是较受重视的民间节日，现在也有不少张鲁回民过斋月，封斋的多数为中老年人及阿訇等宗教人士。据老人讲述，以前斋月里每天早晨清真寺里都有人敲着梆子在街上沿街呼喊起来做斋饭。开斋节为封斋满月的当天，这一天需打扫房间，清扫院落，洗浴净身，早晨进少许食物。回族人到清真寺参加会礼，在清真寺集体礼拜，会礼结束后要到祖先墓地游坟。其后是相互串门庆祝，走亲访友，有的回族还在开斋节这一天相互馈赠食物。古尔邦节也被称为宰牲节，回族称为忠孝节，同开斋节和圣纪节统称为伊斯兰教的三大节日，这一节日为开斋节后的 70 天，回族过节需要宰牲，回族认为宰牲可以纪念先知，也体现了回族的乐善好施、互相照顾以及纯朴无私的性格。张鲁回族在过这些穆斯林传统节日时的习俗和全世界的穆斯林大同小异。

　　本节主要叙述张鲁回族过春节、中秋节、元宵节、端午节等节日。

　　先来看春节的习俗。张鲁每年春节都在镇中心举办大小集市，通常称这种集市为年集，当地汉族人春节前要去上坟，即到去世的祖先坟上烧纸，把先人请回家过年，有的地方还在吃团圆饭的时候，在家里的桌子上放上几副碗筷以及摆上先人的牌位，以祈求先人保佑新的一年万事如意。回族也要纪念祖先，其叫走林，张鲁回族人为年后走林，年前到清真寺把"经礼"封上，年后请阿訇及家中男人到先人的坟墓诵经，也可以在清真寺中念"苏赖"。汉族过春节要贴春联和门神，而回族人要贴"都阿"。回族的"都阿"是追求吉庆，常常贴在门楣及窗户上，表示期望真主保佑全家幸福及愿望实现的意思。"都阿"词常由阿訇书写，红纸的表明喜庆吉祥，而用紫色和白色纸书写的"都阿"说明家里有丧事，张鲁回族家庭如果有丧事,家中常常三年不再贴"都阿"。张鲁的汉族村民过节吃水饺、放鞭炮,回族村民大年初一这天一般不吃水饺、放鞭炮,很多回族家庭一般是年三十炸藕夹子、炸丸子,初一一早吃藕夹子及白菜等熬的菜,初一中午吃面条,初二吃水饺。回族不像汉族初一一早去拜年,回族拜年主要表示庆贺祝福之意,在张鲁回族初一大家见了面第一句拜年话常常是:"炸了吗?"其意思是年三十是否炸藕夹子了,也是延续多年的春节问候和祝福语。初二回族女青年一般带着孩子回娘家,初三、初四是老一辈的亲戚之间走动,回族从初一到初五是春节,不动土、不动工。初六是开工和开业,常有"三六九,往外走"的说法(见图7-3)。

图7-3　春节期间张鲁回族艺术团排练演出

元宵节、端午节、中秋节等传统节日也是张鲁回族人重视的节日,张鲁回族人常常会做各种各样的点心,如"清真月饼""清真粽子"等。同时刚结婚的新人还有在这些节日里"送节礼",即这些节日时往女方家送礼,表示尊敬之意。这些节日均为中华传统节日,中华民族的各族人民均极为重视,张鲁回族人民也不例外。

二　婚姻及其变迁

中国传统文化中婚姻习俗占很重的分量。汉族人重视婚姻,而回族人也同样重视婚姻,穆斯林的婚礼有深厚的宗教意义,通过其也可以表现浓重的民族性。张鲁回族多是族内通婚，《古兰经》中有规定："你们不要娶以物配主（指非穆斯林）的妇女，直到她们信道"，"你们不要把自己的女儿嫁给以物配主的男人，直到他们信道"。张鲁回族父母在婚姻上迫切希望自己的孩子族内通婚，在20世纪90年代以前，谁家的孩子娶了汉族的老婆就会被人看不起，而回族的女孩嫁给汉族男孩那是基本不可能的。曾有位张鲁南街的回族女孩找了位汉族男孩谈恋爱，被母亲天天打骂，母亲还想出各种招数迫使他们分开，但是母亲越反对，女孩越要和男孩在一起，最后两人私自领证结婚。在婚礼上，女方家没有一人到场，婚后女孩有了孩子，她母亲也从来没有去看过。时至今日，母女俩十多年没有说话。

由于当地回族人口较少，婚姻可选择的余地较为有限，祖父母一辈出生于20世纪20—40年代，基本族内通婚，父辈（出生于20世纪五六十年代）如果外出读书或打工的，有些人娶了汉族老婆。以前，交通不便、经济和社会的闭塞使得回族的聚居圈子很小，社会交往的半径主要以民族和宗教为主。随着市场经济的发展，许多回族孩子通过考学、外出打工等形式扩大社会交往面，民族宗教的影响逐渐变小，宗教的禁锢以及父母之命媒妁之约的框框越来越小，周围回族人越来越少，所以也提高了族外通婚的概率。通过调查发现，50岁以上中老年人有89%的人希望自己的子女找回族人；而在30—50岁的中年人有65%的人选择子女找回族人；而到了30岁以下的年轻人这个比例只有25%。由此可见，在配偶选择上年轻人并不局限于回族。笔者曾访谈过当地一位回族小伙，他找了位汉族女孩，问其为何不找回族女孩时，他说回族女孩比较㧟（发音为kōu，当地方言，意思为厉害），是聊城方言中厉害和泼辣的意思，没有汉族女孩温柔和贤惠。

张鲁的回族婚礼由于受到儒家文化的熏陶，近些年与汉族婚礼在形式上有许多相同之处。笔者曾参加当地村支书嫁女儿的婚礼，在婚礼上除了贴"红色"的"囍"字，还要贴红底的"都阿"。婚礼日安排在"主麻"日的上午举行，男方家来女方家接亲，没有挡亲等习俗，男方接到女方后，女方浩浩荡荡的一群人开始送亲去男方家，足有几百号人。婚礼在男方家举办，请阿訇和男女双方的大伯或叔叔参加，中间立着一个方桌，方桌上放着花生、大枣、糖果等物品，双方大伯或叔叔面对面站在桌子两边作为各自家人监事，新人和阿訇面对面站着，阿訇念"尼卡哈"（结婚证词），并在一张红纸上写"依扎布"（结婚证书），念完后把桌上的枣子和花生等物品撒向新人，仪式结束。随后来客入席，张鲁回族的席是流水席，菜为牛羊酥肉以及牛羊肉和白菜、粉条、海带等熬制而成的碗菜，一人一碗，通常先上馒头再上菜，一桌人吃完走人，然后再来一桌人吃，女方家亲戚先吃，男方家亲戚后吃。吃饭期间新郎去各桌鞠躬答谢不敬酒，通常鞠躬头要弯到膝盖处，称为"大谢"。

近几年来，张鲁回族在婚姻方面的变化主要体现在两个方面。一是逐步由族内通婚向族外通婚转变，从观念上逐步接受回汉通婚，但回族男子娶汉族妻子的较多，回族女子嫁汉族男子的情况还是较少。二是婚礼习俗依然具有很强的回族民族特色，但也逐渐增加了许多汉族婚礼的色彩，比如，有的回族婚礼会放鞭炮、放高音喇叭以及豪车接亲等，当前的回族婚礼相较于从前更加精细和奢华，关键的原因是张鲁回族人的家庭经济状况越来越好。

三　丧葬及其变迁

伊斯兰教的丧葬主要有"土葬""速葬""薄葬"三个方面，伊斯兰教认为真主用泥土创造了人类，认为人来自泥土，所以死后还要回归泥土。张鲁回族的丧葬遵从"速葬"原则，上午去世下午葬，下午去世第二天就埋葬。

张鲁回族人去世后，选好坟地，首先请阿訇在主人的陪同下去坟地念"索勒"开坟口，仪式举行完毕后，会请具有打坟经验的人快速打坟，当地的坟坑一般为5—6尺深，宽3尺，长6尺。张鲁回族的葬礼严格遵守伊斯兰教的有关规定，主张"静、速、严、简、禁、宽"，葬礼从速及从简办理，讲求厚养薄葬，讲求葬礼的简洁和明快。葬礼前有很重要的"说话"的习俗，具体来讲就是如果男人去世，就由男方的舅家出来"说话"，女的去世就由女方的娘家亲戚来"说话"。这不是普通意义上的聊天说话，而是指争究之意。话说得好不好，直接关系到是否入土为安，当人去世后，丧事的主事人会给死者的娘舅家人报丧，娘舅家人会相聚在一起讨论"话"如何说，到了丧者家中后，主事人会安排其到一个安静的地方"说话"。主事人会先说一下丧事的花费情况，死者的娘舅家人听了花费情况后，会表明其对埋葬人事处理的态度，很多娘舅家人都希望丧事的料理者可以多出一些费用把人埋得体面些，双方进而发生争论，最后达成一致。

在埋葬前，还有洗"埋体"的习俗，要由清真寺的师父担来清净之水"洗埋体"，洗埋体时，要由亡者的娘舅家的阿訇或者本寺的阿訇在洗埋体的门外念诵《古兰经》，洗的时候通常有3—4个人，亡者如果是女性，常常由亡者的娘家来人洗，如果亡者是男性，则由亡者的舅家来人洗。男不洗女，而女则不洗男。按照教规：①亡者如果没有近亲或者亡者的亲骨肉不懂得教法，可以请懂得教法或记教的外人来洗；②幼年的亡者则男女都可洗；③丈夫去世后，如果没有男教民，则妻子可以洗；④妻子去世后，如果没有女教民，则丈夫也不能洗，只能把洗亡人的方法和程序教给教外妇女由她们洗。具体洗"埋体"的程序则为，洗者先进行大小净，然后一个人手持汤瓶，一个人灌满水，一个人戴上干净的手套，先洗手净下，后用白布蘸上水擦洗口齿和鼻孔，从而代替漱口和呛鼻，接着洗脸洗头，最后由上而下，洗遍全身，洗下身的时候要用布盖住，不能外露，用碱水去除污垢，不能用肥皂之类的洗，因为肥皂有动物油的成分不干净。

"埋体"洗完后，用36尺长的布裹上，张鲁回族称为"开番"，男性开番有三件，第一件称"大卧单"，宽5尺，上下长出死者身长5—7寸，第二件称"小卧单"，宽5尺，上下与死者身长持平，第三件称"皮拉汉"，似衬衫，没有领子，由死者颈部至膝盖以下。女性亡者除了以上三件外，还有裹头巾和包胸布。穿的程序为先传"皮拉汉"，继而"小卧单"，继而"大卧单"。"开番"的两边要结扎成疙瘩，防止"埋体"外露。"开番"外写上"都阿"，其都用白色的棉布。

其后为亡者做赞礼，一般在洗完亡者之后举行，举办的地方为亡者院落中或者离坟墓较近的一块平地上。亡者头朝北脚朝南放立，参礼者面对其站立，跟随领礼者念诵四个大赞：大赞真主，大体上的意思是：主啊！我赞颂你的清净，你的尊名真清净，你的威力真清高，除了你外别无他主。念祈祷词：大意是，哎，主啊！求您饶恕我们中的活人和亡人，饶恕我们的小罪和大罪，饶恕我们中的男人和女人，饶恕在场的人和不在场的人，主啊！求您使得我们中活着的人，沿着伊斯兰教和穆罕默德的教道而活，求您使得我们中无常的人，同着伊麻尼和讨白而无常。站拜之后说"色俩目"。张鲁的殡礼活动，是非常严肃的最后一道人生礼仪，参加殡礼的人为阿訇和前来送葬的穆斯林，都为男性，女性不参加殡礼，当地的殡礼不在日出、正午以及日落的时候举行。除了有大恶的人，所有的张鲁回族亡人都有殡礼，表示亡者拜主祈求归净，祈求真主饶恕亡者的罪过等。

最后当众人把"埋体"抬到坟地后，阿訇跪在四周念《古兰经》，"埋体"放入坟坑中，解开"开番"上的疙瘩，将亡人头朝北脚朝南放好，其后是将准备好的土放进坟坑，如果亡者有儿女，则由长子带头放三铁锨土，其他送葬人开始用铁锨铲土填土坑，还有人将阿訇吹好的"都阿"小土块放入坑中。等填土完成，阿訇念完《古兰经》，所有人接了"都阿"，葬礼也就结束了。

为了纪念亡者，张鲁回族也有如汉族人一般的祭奠活动，在当地叫作"奏事"。一般奏 10 天、100 天、一年、三年、十年、二十年和五十年。"奏事"时由亡者家人往亲朋好友和同村人中送油香和送请帖，邀请他们在亡者的忌日时来亡者家里，摆席共同祭奠亡者。

1949 年前，回族的丧事多从简，按照回族葬礼的流程展开。1949 年后至今，当地回族的葬礼从形式上受到些许汉族葬礼的影响，有一些繁文缛节的形式。但回族葬礼丧事从简的本真没有变，依然保持着回族传统葬礼的习俗。

第三节　村庄教育

张鲁镇的回族教育是家庭教育、学校教育、社区教育、宗教教育等多种教育形式的综合体。回族教育秉承伊斯兰教的终身教育和追求男女教育平等的理念，既注重伊斯兰传统教育，也高度重视家庭教育和学校教育。

一　社会学视野中的回族教育

教育有广义和狭义之分。广义的教育泛指一切有目的地影响人的身心发展的社会实践活动。狭义的教育是指专门组织的教育，它不仅包括全日制的学校教育，而且也包括半日制的、业余的学校教育、函授教育、刊授教育、广播学校和电视学校的教育等。它是根据一定社会的现实和未来的需要，遵循年青一代身心发展的规律，有目的、有计划、有组织、系统地引导受教育者获得知识技能、陶冶思想品德、发展智力和体力的一种活动，以便把受教育者培养成为适应一定社会（或一定阶级）的需要和促进社会发展的人。

按照美国社会学家戴维·波普诺对教育的定义，社会学视野中的教育主要有五种社会功能：社会化、社会控制、筛选和分配、对外来人员的同化作用、社会革新与社会变迁。① 伊斯兰教的先知穆罕默德要求人们"求知，从摇篮到坟墓"，即伊斯兰教倡导终身教育；同时穆罕默德指出："求知是男女穆斯林的天职"，即倡导男女受教育权利的平等性。所以伊斯兰教的教育特点是终身教育和追求男女教育平等。

对 2003—2012 年的 10 年间回族教育研究的文献分析表明，回族经堂教育、近代新式回族教育、现代回族教育构成学界对回族教育研究的主体。② 对与张鲁镇毗邻的莘县朝城镇回族社区家庭教育与学校教育的个案研究表明，朝城镇回族乡镇学校的教育质量并不乐观。"朝城镇回族社区的中小学教育的质量较低，整个社区文化氛围、精神生活和娱乐生活与社区人们的经济生活不相符，对社区人口素质的提高有不利的影响，直接影响下一代的人口素质"；究其原因，与回族家庭的教育理念、教育投资理念、家庭经济收入状况等密切相关。为此应更新传统的教育观念，重视家庭教育投资；关注回族孩子的学习，创造良好的学习环境；兼顾到回族社区特殊的经商文化传统，加强学校、家庭、社区三个方面的联系，发挥各自优势对孩子进行约束和教育。③ 张鲁镇与朝城镇虽同处莘县，但对子女教育的态度很不相同，张鲁镇回族家庭普遍非常重视子女教育，回族子女受教育程度也较高。

---

① ［美］戴维·波普诺：《社会学》，李强等译，中国人民大学出版社 1999 年版，第 419 页。

② 聂君、完颜雯洁：《近十年来我国回族教育研究的文献分析》，《图书馆理论与实践》2014 年第 4 期。

③ 马效义：《回族社区的家庭教育投资理念与学校教育关系研究——山东莘县朝城镇回族社区个案研究》，《湖北民族学院学报》（哲学社会科学版）2005 年第 5 期。

二 伊斯兰传统教育

经堂教育是回族教育的一个重要组成部分。中国回族穆斯林经堂教育首创于陕西经师胡登洲（1522—1579），在明末陕西已成为"各地学子（海里凡）负笈于此"的经堂教育中心，由此学成的经师再返回各地去发展经堂教育，于是便形成了中国伊斯兰教的经堂教育体系。穆斯林经堂教育在山东统称为山东学派，它是明清时期的伊斯兰经师常志美（1610—1670）创立的。常志美9岁时从中亚撒摩汉来到中国，先定居陕西，后到山东，常志美曾随从胡登洲的弟子马真吾学习经学，后到山东济宁的东大寺和西大寺设帐讲学，以常志美为代表的山东学派注重宗教学识教育，提倡阿拉伯文、汉文、波斯文并重，成就了一批如马伯良、米万济等为代表的著名伊斯兰经师，对中国的传统经堂教育产生深远影响。因之，华北地区的穆斯林常把常志美誉为"常仙学""常巴巴"或"常筛海"。常志美和他的师兄李永寿（生卒年不详）同为胡太师之四传弟子。由于常氏笃志嗜学，自幼聪颖，能"日读千言，过目成诵"，平生苦诵励思、无所不学，勇于探索革新，终于在经学上形成自己的风格和特点。他在济宁设帐开学，招收各地学生，培养经师，于是形成经堂教育的一个新的中心，这就是派生于"陕西学派"而又与之遥相对应的"山东学派"。该学派由济宁外延，影响遍及齐鲁各地乃至华北、东北、中南等地区，是中国回族经堂教育的重要学派之一。

自明初回族穆斯林在山东定居以来，清真寺随之相继建立，伊斯兰教也得到传播和发展。它在山东的传播大体不外乎两种形式：一是口头或文字的，如宗教节日的集会、七同聚礼、五时礼拜和平日宗教活动等场合的宣讲，以及后来的经学著述、翻译等；二是经堂教育，即在清真寺内招收海里凡，由经师传授经文，毕业（俗称挂帐或穿衣）后受聘于各地清真寺充任阿訇，并由其培养弟子，承前启后，世代相袭，成为伊斯兰教传播发展的主要方式。有学者称回族传统教育就是经堂教育，可见经堂教育在回族传统教育中的重要地位。

传统的经堂教育分为两部制：小学部和大学部，但是在张鲁回族镇，缺少对伊斯兰教义具有精深造诣又精通阿拉伯语的阿訇，而且能坚持来清真寺学习的儿童比较少，所以只保留了小学部。小学部，亦称经文小学，一般招收 6—7 岁儿童入学，因为前来学习的儿童比较少，所以在这里并不限制年龄，主要教习初级阿拉伯语拼读和宗教常识。教师多由寺内"二阿訇"担任，也有现任开学阿訇担任的。其课程有：①阿拉伯语字母发音及拼读，学生念诵背记，达到能拼音会读经文；②《凯里迈》，即基本宗教信条，要求反复拼读原文，领会老师口译意思，称作"编凯里迈"，系对各种拼音方法的综合运用与对学童进行宗教信条的基本训练；③《亥听》，即《古兰经》选读本，要求达到熟练地背诵，以为礼拜诵念和为以后诵读整本《古兰经》打下基础；④《凯赫甫》，即《古兰经》第 18 章，共 110 节经文，学会带韵诵读，供以后参加有关的宗教活动诵念；⑤《乜帖》，系阿拉伯语、波斯语的各种拜中念词和祷词，为初级宗教知识的普及读物，变称"杂学"。小学部只进行宗教知识和启蒙教育，没有严格的管理制度，入学、退学自由，不分班次与级别，也不规定年限，一般需 3—4 年时间。学习期间年龄大的学生可参加礼拜、封斋，但不参加对外的宗教活动。平时无论是阿訇还是普通学生都不会一直待在清真寺里，在主麻日，也就是每周五穆斯林和学生们都来礼拜，周末是学习的主要时间。有些学生不仅要在这里学习《古兰经》等，还有学校的学业压力。

三 家庭与学校教育

依据问卷调查，在教育的平等性方面，有 75% 的人认为"女孩受教育很有用"，说明当地回民比较重视受教育机会；在当前子女的受教育程度方面，有 43% 人选择了"大学以上"，10% 的人选择了"大中专"，32% 的人选择了"高中"，本题没有考虑受访者的年龄因素，但从 40 岁以上受访问卷中（共有 156 份，有 118 份选择了大学以上）76% 选择了"大学以上"，由问卷分析可知，当地子女受教育程度较高。在"家庭教育年总支出"选项中，3000 元以上的占到 36%，按年家庭教育支出中较高教育支出占比不高，1000 元以下占 30%，较低教育支出有一定比例（见图 7-4）。

图 7 - 4 张鲁本斋小学

第四节 宗教生活

对村庄宗教生活的考察有助于了解回族社区的生活方式。张鲁回族的宗教信仰包括：信安拉、信经典、信前定、信后世、信先知，实践包括伊斯兰教需要遵守的善功。

齐美尔曾经说过："一切宗教性都包含着无私的奉献与执着的追求、屈从与反抗、感官的直接性与精神的抽象性等的某种独特混合；这样便形成了一定的情感张力，一种特别真诚和稳固的内在关系，一种面向更高秩序的主体立场——主体同时也把秩序当作是自身内在的东西。在我看来，宗教契机似乎就隐含在上述这些关系以及其他种种关系中；由于有了这种独特的宗教契机，所有这些关系便跟那些单纯建立在利己主义或心灵感应、单纯建立在外在力量或道德力量之上的关系区别开来。"① 宗教涉及人的一系列活动，是复杂的、具有重要意义的社会形式，本节着重对张鲁回族的宗教仪式、清真寺管理及宗教生活等方面进行描述。

一　清真寺

山东张鲁镇境内所见清真寺共有三座，张鲁南寺、张鲁北寺、张鲁女寺，其中南寺较其他两寺规模最大，历史最久，始建于元代，是山东西部历史较为悠久的清真寺。该寺居于镇中心南北街，坐东向西，占地面积三亩有余。南寺、女寺在"文化大革命"中被毁，北寺在"大跃进"时期被陆续拆掉。改革开放之后，莘县县政府、民族宗教局、张鲁镇政府在张鲁镇北街重新修建了清真寺。在建筑风格上是传统的阿拉伯风格，但是门口摆放了两个看门的大石狮子，清真寺分为正、侧两个门，正门上悬挂了一块长方形带有棕色外檐的古牌匾，用楷书写了"清真寺"三个大字，里面有很大的院子，种着松树和青竹，大殿是以白色和蓝色为基础色调，大院的右侧为厨房和水房，左侧为讲经堂和水房，厨房中为三口大锅和烧饭用的灶台，大锅在开斋节等回族节日或谁家有婚丧事时才拿出使用，水房的设施完备，供来礼拜的穆斯林民众洗大净和小净。清真寺的礼拜大殿，宽约30米，长约20米，大殿上铺设着绿色的毯子，周边的墙壁上贴有国外著名的清真大寺像。平时村民的礼拜就在此举行，大殿是圆拱形状，宽敞明亮，气势磅礴，清真寺的外拱是金色的圆顶式，在圆顶的上方有新月的标志。此外，在清真寺外有碑刻，记录着清真寺的历史和翻修与重建的具体信息。以下为张鲁清真寺铭记：②

张鲁古镇乃穆民聚居之地，向为县城肘腋，令名远播。张鲁清真南寺系鲁西北地区最古老的清真寺之一。该寺始建于元至正八年（1348），历经明永乐三年、嘉靖十二年、清道光十四

① 〔德〕齐美尔：《现代人与宗教》，曹卫东等译，中国人民大学出版社2005年版，第4—5页。

② 杜言青：《莘县史鉴》（上），海洋出版社2005年版，第268—269页。

年三次修葺，渐形成宏伟壮观之宫殿式建筑群体。著名阿訇沙梦弼、蔡永清、何其宽等曾在此执教。战争年代，宋任穷、杨得志、赵健民、杨易辰、马本斋、黑伯理、丹彤等曾多次在寺内召开重要军事会议。文革初期，历经六百余年沧桑之一方名寺惨遭拆毁，致使众多穆民聚礼无所。时至二十世纪八十年代，民族宗教政策逐步落实，全体穆民深受鼓舞，重建清真寺呼声日高。在上级扶持、李志诚阿訇关注和本镇五街、韩庄、沈庄干部鼎力协助下，筹建工作迅速启动。本镇和省内外张鲁籍之回民同胞及汉民教友慷慨解囊，于一九九四年十月十二日在原址破土动工，一九九六年，一座集大殿、讲堂、沐浴室为一体的清真寺建竣，清真女寺亦同时落成。寺之重建，乃穆民大事，百代伟业，特勒石铭文以记之。

碑联：古寺重光，穆民聚礼得所在；教义永存，八方协力铸春秋。

新修建的清真寺成为张鲁镇回民礼拜和经堂教育的地方。半个多世纪以来，张鲁清真寺曾有许多大阿訇在这里开经讲学，著名阿訇杨云鹏、沙字毕、沙风额、何其宽先后主持教务，他们在经典教义的研究方面都取得很深的造诣，也培养了许多"阿里凡"。经堂教育的宗旨是传授经学知识，"阿里凡"是培养讲学经师和从事宣教及率众举行宗教活动的宗教教职人才。清真寺阿拉伯语被称为"买斯吉德"，原意为叩头处，做礼拜的地方，是穆斯林做礼拜、聚会的公共场所，清真寺在回族日常生活中起到至关重要的作用，除了是宗教场所之外，还是回族群众聚集、议事的场所。

在建筑的布局上，张鲁清真寺是传统伊斯兰文化与中国传统建筑形式的结合，今天探寻张鲁清真寺，虽然已经看不出600年的历史所带给它的满目沧桑，但依然能透过当前的建筑格局看出它当年的宏伟气势！清真寺是回族人共同的精神家园，是维系民族内部关系的纽带！

二 当地宗教生活状况

在关于当地的宗教生活状况的问卷调查选项中，"您经常去清真寺做礼拜吗"一项，有34%的人选择了"常去"，25%的人选择了"不常去"，41%的人选择"从来不去"。考虑到受访者的年龄因素进一步做了年龄相关性分析，发现在40岁以上的人群中"常去清真寺做礼拜"的相关性为79%，30岁以下的人群中"不常去"的相关性为94%（在有效回收问卷中，年龄在30岁以下的人有94%的人选择了从来不去清真寺做礼拜），这说明当地宗教生活的两面性，一个方面较多的老年人保持了传统的宗教生活习惯，而绝大多数年轻人则对宗教生活不敏感。

第五节　回汉民族关系状况

根据问卷调查数据显示，当地的回汉民族关系较为融洽，这里已经形成了平等团结、互助合作的和谐民族关系。在问卷调查结果分析中，其中"您认为当地回汉之间关系如何"选项里，认为当地回汉民族关系"很好""较好"的被访问者占73%，认为"一般"的被访问者占12%。和谐的民族关系主要表现为：一方面，回汉民族间在经济生产和日常生活中，不仅互助合作与交往的形式多样，当遇到清真寺翻修或其他一些重要事情时，汉族群众也慷慨解囊，而且回汉民族之间合理分配资源，共同加快了脱贫致富的步伐；另一方面，集镇市场为他们提供了互相合作的机会使得回汉群众之间的交往比较频繁。在问卷调查中，81%的被访问者称他们平时交往、接触的人中"既有回族又有汉族"。在张鲁，不但回汉群众之间和睦团结，而且回族内部的关系也是比较融洽的，良好的回汉民族关系和回族内部关系是经济发展和社会问题的先决条件。在回族政治权力认同方面，"您认为当地政府在政治经济生活中是否平等地照顾到了回族的权益"的问题中，有62%的人认为照顾到了回族的权益。在访谈中也发现，当地政府的镇长及分管民族宗教事务的副镇长都为回族，当地的决策也会充分听取回族群众的意见，上级领导来视察时先造访当地有影响的回族宗教领袖。"您认为实现散杂居地区各民族事实上平等的有效途径"选项中，有46%人选择了加快少数民族的经济发展，42%的人选择了提高少数民族的教育水平，38%的人选择了提高少数民族政治待遇，12%的人选择了转变少数民族思想观念。"您认为汉族与回族之间的矛盾主要集中在"选项中，45%的人认为是宗教信仰导致，13%的人认为是风俗习惯导致，32%的人认为是经济利益导致，可见，宗教和经济利益占主要因素。

第 八 章

关于回镇经济社会发展的思考

从 20 世纪 50 年代至今，张鲁镇的经济社会变迁经历 60 余年，它的发展和变化如同一个历史卷轴中的沧海一粟，反映了共和国的成长历程。本章结合绪论中的思考以及其后各个章节中所体现的材料，探讨张鲁镇 60 年来的变迁的普遍意义与价值所在。对张鲁镇个案研究的价值体现在两个方面：第一，作为一个历时性的散杂居少数民族聚集地的农村个案，它可以反映当地的社会和经济变迁状况而具有此类案例的典型性；第二，它同时有助于探讨与农村问题有关的争议，以及此类农村问题在未来发展中所表现出的农村如何转型的问题。

第一节　回镇的经济与社会变迁的内涵

"社会变迁像一条红线一样，贯穿了整个的乡村社会。"[①] 乡村社会研究对于社会学领域而言，并不能仅仅着眼于农民自身的福利，它同时涉及社会科学中的一些基本问题，即如何面对发展中的传统与现代的问题，如何应对发展过程中所产生的各种连带的问题。对于实证主义者而言，通过实地的村落社会研究能深入地理解某个区域的经济与社会发展，而透过实证研究，我们又可以剖析这种发展的内在机理与机制。

张鲁镇作为中国东部散杂居少数民族聚集区，在历史上区域经济与社会发展较为落后，曾经是黄泛区，闯关东的回民及饥民很多。随着时

---

① ［美］埃弗里特·M. 罗吉斯、拉伯尔·J. 伯德格：《乡村社会变迁》，王晓毅、王地宁译，浙江人民出版社 1988 年版，第 1 页。

代的进步，周围汉族文化的发展也刺激了当地的经济与社会发展。张鲁经济以少数民族农副业经济为主，民族凝聚力及宗族力量是其经济社会发展的精神支柱力量，民族文化的内省力在经济与社会巨变的影响下不断增强，民族认同感加深，相较于周围的汉族聚集区，少数民族聚集区的经济发展更快且更具多元化。改革开放后至今，涌现出许多多元经济成分与新兴的少数民族企业家。经济的发展改变了村容村貌，新农居建设等迅猛发展。散居少数民族聚集区的经济发展应释放少数民族的内聚力与民族共识，发挥与发展特色的少数民族经济产业，因处于汉民族文化生活话语权之中，作为分散居住的散杂居少数民族，人数上处于劣势，要想获得自己的发展很难，并经常与汉族发生矛盾，要么被同化，要么谋取自身的发展，只有寻找自己的特色发展才能求生存，以宗族内的能人为领头雁，以民族共性为凝聚点。

罗吉斯在《乡村社会变迁》中将社会变迁区分为内发变迁和关联变迁。所谓内发变迁，"是社会系统成员，在几乎没有外界影响的条件下，创造和发展出新的思想（发明），并在系统内推广"；关联变迁是"社会系统之外的新思想被传送进来引起的变迁"。关联变迁又区分为选择关联变迁和指导关联变迁，"选择关联变迁是当社会系统内的成员受到外界影响，根据自己的需要，采用或拒绝新思想引起的变迁"；"指导关联变迁，或称计划变迁，是当社会系统外部，诸如一些机构或机构的代理人，为了达到自己的目的，有意识地介绍新的思想所引起的变迁。"① 内发变迁的动力来自系统内部，关联变迁的动力来自系统外部。就此来看，张鲁镇的经济与社会变迁属于关联变迁，且是在党和国家、地方政府的领导下，有计划、有目标地指导关联变迁。

经济与社会变迁是一种渐进式的发展过程，即发展与结构变迁是由社会内部现代化要素不断成熟、不断积累引起的。在散居少数民族聚集区又是一种主动进取的发展过程，即发展的原动力来自社区内部，发展的主体是社区内部成员。这种发展虽然改变了社会原有的传统，但并不以打破传统或灭绝传统为先决条件，传统与现代要素之间存在着相当多

① 〔美〕埃弗里特·M.罗吉斯、拉伯尔·J.伯德格：《乡村社会变迁》，王晓毅、王地宁译，浙江人民出版社1988年版，第12—13页。

的相互接纳与融合的关系。但在未来经济与社会发展中，又要破除与传统和民族性的隔阂，汉族与少数民族间共谋发展，在新媒体与互联网经济飞速发展的背景下，散居少数民族聚集区的经济与社会也面临着新的发展机遇。

第二节　时代变迁与地方民族社会

张鲁镇和千千万万中国大地上的乡镇一样，在时代的潮流下走过了漫长的历史进程。在时代变迁的视角下，乡镇社会变迁体现着国家、地方社会、宗教、宗族等多种力量之间的互动。回镇乡村社会作为中国乡村社会的一部分，充满着兴起、繁荣、衰落、沉寂、复兴等曲折复杂的不同变迁历程，在中国社会转型期间遭受社会转型所带来的各种冲击。根据 2012 年第六次全国人口普查数据统计，全国回族总人口为 1058.60 万人，超过满族，成为中国第二大少数民族，全国共有 137 个回族乡镇，按照每个乡镇回族人口平均 7000 人来计算，总人口大约 100 万，约占到中国回族总人口的 1/10。由于其聚集较为集中，便于研究，当然回族人口聚集较为集中还包括一些地区的回族村落、城市里的回族聚集区。按照费孝通先生"类型比较法"的研究思路，根据在本书前面章节中对张鲁回族镇的类型的归类，其发展变迁可以作为一种典型，特别是华北地区农业主产区此类回镇的发展变迁的典型。笔者希望能实地调研 137 个回族乡镇，研究其发展变迁的道路，探索回族乡镇未来的发展方向，为中国回族社会的发展做出一个学者的应有贡献。

一　回镇研究的现实意义

"回镇"作为一个追踪案例，有助于让我们以社会变迁的视角来考虑此类"回族农村社区如何转型"，其现实意义主要体现在以下几个方面。

（一）回镇的经济变迁及其启示

1949 年前，回镇就以其繁荣的手工业和商业经济，有"小上海"的美誉；而 1949 年后到改革开放前，回镇经济以经济生产由国家控制和主导为主，经历了土地改革，实现了耕者有其田，提高了农民生产积极性，国家力量的介入改变了几千年来农村产权所有关系；在合作化时期，国家完成了"回镇"的农业集体化改造，人民公社化时期的"大跃进"和"农业学大寨"运动极大地破坏了回镇的农业生产经营，虽然后期"工分制"的劳动分配形式使得破坏的生产趋于缓和，但是公社和大队集体生产的形式限制了劳动的积极性，这一时期"回镇"回民几乎没有个体私营经济的发展。改革开放后，家庭联产承包责任制的春风释放了回民被禁锢了几十年的经营和生产欲望，这段时期为后来经济的多元发展奠定坚实基础；回镇由于地处华北"粮仓"，经济的重心以发展农业现代化为根基，同时促进多元民族经济发展，扶持并壮大一定规模的集体经济，集中力量解决农村土地和生产力问题，合理引导农村土地流转及规模经营，引进合作化经营的模式，积极推进"农户＋合作社＋市场"的经营模式创新，努力推行"区域内的经济协作共同体"发展，实现以"回镇"为中心辐射周围汉族村镇发展的区域经济体。这种"区域协作共同体"的产生，有助于增加抗市场风险的能力，同时有助于整合区域内的各种资源，其稳定性和自我调适性很强，内部提供就业机会，缓解劳动力外流和人地紧张的局面。当然和其他离大城市较近的"回镇"相比，张鲁没有地域上的优势，在城市化无法直接影响到的区域，"区域协作共同体"可以通过村落内的精英同政府力量来推动农村和外界大市场之间的连接，从而直接推动农村经济的转型。

（二）回镇的村落权力变迁及其启示

对于国家正式力量在农村扮演何种角色仍有争论，一方认为应该尽快实行农村自治，国家权力从农村管理中退出，通过村民选举将农村事务交给农村社区；另一方认为国家对农村的管理介入太少，因为国家权力无法作用于农村，所以造成城乡之间的二元差异。笔者认为，只要国家仍然对农村社会有政治上或经济上的需求，国家及其代理人都很难放弃自身在农村的控制力。以"回镇"村落权力变迁来看，国家在中华人民共和国成立初期对农村有巨大的需求，无论在经济或政治上，主要体现在实现集体生产获取经济收益，重组农村社会结构从而获取农民支持，体现在土地改革等一系列政策措施上，建立新的行政权力结构，依靠"回镇"革命时期的党的工作组织及民族团体，开展各种宣传及文化教育活动，建立新中国及中国共产党在民众中的威望。但在"大跃进"及"文化大革命"时期，回镇的国家权力的代言以联社、生产队、农业学大寨工作组等形式开展，宗族和宗教的影响弱化，这一时期"回镇"的村落权力具有很强的政治色彩，经济需要不是第一要务。改革开放后，随着家庭联产承包责任制的推广，城市经济的迅猛发展，降低了国家对农村的经济需求，国家逐步向农村放权，开始在农村试行村民选举制度，但放权放纵了基层政府对农村的掠夺，回民的负担增重，这一时期国家政权与基层政府存在农村治理上的差异，国家争取依靠城市经济发展国家经济，放松对农村经济的需求，缓解"农民负担"，比如村民直选、税费改革以及村务公开等，但是基层政府为了增加财政收入，同时又避免辖区内农村出现大规模的农民抗议和上访，依然强调对"回镇"政治权力的掌控。这一时期的"回镇"村落权力，属于"割据式的博弈"阶段，存在各种回镇村民上访和基层政府的乱摊派行为。近几年随着"回镇"多元经济的繁荣发展，扩大了税基，提高了税收收入，基层政府直接从农民身上的"掠夺"有减弱的趋势，政府更多的精力放在提高农民福利和待遇，以及新农居建设和完善村容村貌上，这从一系列的电网改造和公路改造以及村落垃圾处理工程上可以体现出来。但政府对"回镇"村社的掌控依然没有放松，较多地依靠宗族与宗教力量，所以也不可忽视当前宗族和宗教力量在"回镇"的影响，政府与宗族宗教力量的相互包容，从市委书记来访先不去镇政府而是先拜会"回镇"的乡老和宗教领袖就可以看出，民族政治稳定依然比经济发展重要，体现在"以回治回"，这种政治策略很长的一段时间内可能不会改变，只不过从原有的"制"向"治"的转变，更多地体现在治理层面的多元化和提高回民社会生活福祉上，"回镇"的村落权力的变迁在某些程度上也体现了国家经济实力的增强和治理模式的进步。

（三）回镇的社会生活变迁及其启示

在社会生活变迁方面，回镇体现更多的是现代生活的全面渗透及传统文化的倔强生存。土地改革后，回镇的宗族影响有所弱化，新型的生活方式体现在衣、食、住、行的变化上，妇女地位有所提高，回镇农民艺术团、大秧歌等种种娱乐活动的兴起，这是回镇的传统生活方式与现代生活方式的一种整合。但时至今日，依然可以感受到传统的生活方式在回镇倔强地生存。从某种程度上说，这是国家信仰和个人信仰上的缺失导致，使得宗教性和宗族性成为"回镇"人民的精神避风港和坚强依靠。回族族群聚居还有很强的地域性和传统性，这些特点又会对抗外来不良文化，比如性的放纵和影响家庭团结的事情。此外，宗教性和宗族性又有很强的村落舆论导向性。核心家庭数量的增加，又使得回镇中的代际支持得以延续，从当前"婚丧嫁娶"中的传统习俗可以看到传统的延续。从改革开放至今，集体主义没有得到相应的强调，新的社会整合机制没有重建，因此回镇社会转型过程中体现出传统与现代的碰撞，伴随着社会整合机制的重建。

二 回镇的回民社会与山东儒家社会

中国回族从形成以来，就与地域和时代变迁分不开。关于回族的形成时间，学术界也有争论，金吉堂认为，从元代到明中叶为回民在中国的同化时代。各色回教人士"在蒙古统治中国之期间，起一大结合，经百年间之合同混化，是为今日中国之'回教民族'的起源"。① 在《回回民族问题》一书中没有明确回族究竟形成于何时，只是写道："据我的研究，中国的回回，原来是元时波斯等地的回回人迁移到中国来的。"② 1978年出版的《回族简史》中写道："从十三世纪初年，约当南宋末叶，中经元的建立，到十四世纪中叶元的灭亡，是回回的初期活动时期。这时，形成回回民族的条件在萌芽、成长中，回回民族还没有形成。"③ 而在"明代三百年中，回回已成为一个民族共同体。但在20世纪50年代获得政府确认之前，回民并不是现代意义上的民族。不过回族形成的过程则较为明确：如今以回民著称的人们，是7—14世纪定居中国的波斯、阿拉伯、蒙古和突厥等族的穆斯林商人、军人和官员们与当地非穆斯林妇女通婚而产生的后裔。因为绝大部分生活在相互隔绝的共同体中，如果说他们其中的部分人（肯定不是全部）还有那么一点共同性，那也就是对伊斯兰的信仰而已"。④ 所以说，回族是与中国的地域性相关联的，比如在云南香格里拉地区就有"藏回"，而西南很多地区都有回族和彝族

① 金吉堂：《中国回教史研究》，（台湾）珪庭出版社有限公司1971年版，第133页。
② 民族问题研究会编：《回回民族问题》（1941），民族出版社1980年重印本，第1页。
③ 《回族简史》编写组：《回族简史》，宁夏人民出版社1978年版，第5页。
④ 转引自姚大力《北方民族史十论》，广西师范大学出版社2007年版，第65—66页。

等其他少数民族的混居区。在山东，回族与儒家文化交融，也有很深的地域性特点，其影响反映在社会生活及日常风俗的各个方面，如注重科举入仕的观念、注重伦理观念等。但山东回族也有自身的传统特点，形成"合而不同、融而不化"的地方性特征。

第三节　回镇的未来发展

回镇从建立至今已有近五百年的历史，由于民国以前的历史资料较为匮乏，所以无法从建镇初期的回镇状况开始论述。作为对张鲁回族镇历史变迁的研究，重点对1949年后的回镇经济与社会变迁进行描述，现代化生产方式及现代化农业生产已遍及回镇的各个角落，改变了传统的农耕生产方式。在改革开放之前，回镇是贫穷落后、默默无闻的华北平原上的小镇。经过改革开放30多年的发展，一跃成为鲁西北农村地区经济发展的明星，这首先要归因于国家改革开放的政策。中国的改革开放是影响深远的重大政治决策，改革开放政策是一种资源的分配机制变革。"政府通过分配、调控和再分配来引发变迁"，改革开放的政策打破了回镇原有的生产关系，促进了手工业等第二、第三产业的发展，搞活了经济，国家的政策调整也与回镇的地方传统找到契合点，国家发展经济的战略意图与回镇人民的经商传统以及宗教信仰中的重商主义思想相呼应。结合回镇的特色，张鲁未来发展应该着力加强以下几个方面。

一　推动回镇内部民族特色经济发展

散居回族的特色经济是指回族经济在一定区域内，利用特色文化、特色资源、特色产业，以规模化经济为依托，形成结构合理、管理有序的可持续发展的经济发展模式。要维持民族特色经济的可持续发展，缩小回镇与东南沿海经济发达地区的差距，就要培育出"人无我有、人有我优、人优我特"的产品，形成独具特色的农产品和工业产品，形成特色产业的规模化、优势化，提高回镇的经济综合能力。笔者认为，可着力加强以下几个方面。

（一）商业经济

回镇具有悠久的经商传统和杰出的经商禀赋，伊斯兰教经典推崇商业，看重商人，在回族社会中商人有很高的地位，推崇商业的思想激励着很多回族人步入商界。回镇的餐饮业、皮毛加工业、屠宰业、炼油业等都享有较高的声誉。

（二）畜牧经济

畜牧业是回族经济发展的特色，回族把畜牧业作为商业经济之后的回族第二大产业，回镇的畜牧业有天然的优势，小尾寒羊、波尔多山羊、鲁西黄牛等多种优质品种。张鲁又处于林区，可以形成林下养殖的优质链条，并逐步形成畜牧、屠宰、皮毛加工、肉食加工的生产线。

（三）伊斯兰经济

以清真寺为主的寺院经济是具有伊斯兰特色的宗教经济形式，在回镇有强大的生命力，发展伊斯兰经济可形成多种渠道可靠的经济来源，比如天课收入、瓦克夫收入、回民的捐款，以及回族宗教节日中的"海提耶"收入等。

（四）旅游经济

回镇作为回族聚集区，有许多独具特色的"味道"，如当地特色的回族饮食、回族的风俗、以本斋纪念馆为首的红色革命旅游景点、农业特色旅游等。发展回族聚集区的旅游业要突出回族特色，凸显厚重的民族氛围。

二 继续加强区域内的协同创新发展

市场经济是开放性的经济形式，是以市场为主体的资源的调配，单靠"回镇"发展解决不了的问题，可以依靠区域内的协作开展，通过参与区域内的合作组织，可以促进"回镇"与外界的良性互动，比如国家战略规划中的"中原经济区"，可以充分利用这一国家战略实现区域经济社会又好又快发展。张鲁还地处山东省人民政府规划的西部经济隆起带，充分利用区域协作可扩大知名度，争取更多的重视和支持，改善区域性的投资环境，形成回镇的整体影响力。"回镇"的发展更要向先进地区学习，美国著名经济学家沈克龙的"后起之益"理论就阐明了向先进地区学习的益处，首先可以借鉴其成功经验，其次可以引进先进地区的先进科技成果，比如现代农业发展中的先进技术等。当然科技创新是一个方面，更重要的是思想观念的协同跨越，用创新的精神推动各项工作。优化产业布局，坚持大农业的基础地位，优化农业内部的多种经营，合理调整第二产业的内部结构，使得第二产业自成体系和特点，同时大力发展第三产业。

三　做强当地的回族文化特色

除了外在的经济与社会发展外，还要做强当地的回族特色文化建设。变迁的内涵核心在于文化的变迁，而文化变迁的核心是文化的适应，少数民族在文化的适应过程中，可能会出现偏差，即认为有可能被"同化"，这种同化在汉族聚集区中就是容易被"汉化"。回镇百年来未被汉化，而变得更加先进并富有生命力，这是其回族文化很好地整合和包容发展的结果，不刻意规避外来文化的冲击，又不封闭回族文化与外界的交流，正视差距与不足，从而没有出现文化"边缘化"的困境。每一种文化都有自己的一种不同于其他文化的特殊目的，"为了实现这个目的，他们从周围地区可能的特质中选择出可能利用的东西，放弃不可利用的东西，人们还把其他特质加以重新铸造，使它们符合自己的需求"[1]。回族的文化特色是回镇的魂，是经济社会变迁发展的根基，回镇回族文化的包容性和整合性是必要的，当然要汲取其精华，弃其糟粕。

总之，回镇未来经济与社会发展的方向还是以特色民族经济的发展为主导方向。随着山东省"第一书记"的入村，为当地带来了新的科学技术和思想观念，张鲁经济社会发展获得更多的政策支持和科技支撑，比如果树栽培技术、鸡毛蛋白质冶炼技术等，同时带来更多的外来投资和资金。依靠新兴媒体与电商平台，回镇的经济发展开始与互联网相结合，一些农副产品已经开始通过电商销售；通过农民专业合作社也吸引了许多外地客商，拓展了外部市场。独具特色的张鲁回族文化也是不可多得的文化资源，民族特色旅游也在逐渐兴起。未来回镇的经济发展将更趋于多元化，社会和谐稳定，回汉民族团结共同进步，这一片鲁西的热土正日益焕发出勃勃生机！

张鲁镇是一个回族乡镇，处于汉族文化的包围圈中，本书通过理论

---

[1]　[美]露丝·本尼迪克特：《文化模式》，何锡章译，华夏出版社1987年版，第36—37页。

探讨与实地调查研究来阐述当地的经济与社会变迁的过程。在研究过程中尝试民族志式的陈述和定量数据分析的方法，通过传统与现代的比较，试图验证以下结论：处于汉文化包围圈中的回族聚集区，民族文化得以延续的根本是回族传统文化与现代化发展的有机结合，其精神内涵在于以清真寺为中心的宗教体系，经济力量则是种植业的持续发展和新兴经济形式的交融，而发展的根本是和谐的回汉民族关系。在传统与现代的交融中，保持民族传统经济文化发展并与现代化发展碰撞，让我们感觉到一种在当地回族群众中的不服输、积极向前的民族精神，这是一种"倔强"的生命力，即不仅自己致富还带动周围汉族村落致富的精神力量。

参考文献

一 学术著作

[1]《毛泽东文集》第 7 卷，人民出版社 1999 年版。

[2]［美］埃莉诺·奥斯特罗姆：《公共事物的治理之道——集体行动制度的演进》，余逊达、陈旭东译，译文出版社 2012 年版。

[3]［美］珀金斯：《中国农业的发展（1368—1968）》，上海译文出版社 1984 年版。

[4] 程漱兰：《中国农村发展：理论和实践》，中国人民大学出版社 1999 年版。

[5]［法］E. 迪尔凯姆：《社会分工论》，渠敬东译，生活·读书·新知三联书店 2000 年版。

[6]［法］E. 迪尔凯姆：《社会学方法的准则》，狄玉明译，商务印书馆 1995 年版。

[7]［美］杜赞奇：《文化、权力与国家：1900—1942 年的华北农村》，王福明译，江苏人民出版社 2001 年版。

[8]［英］莫里斯·弗里德曼：《中国东南的宗族组织》，刘晓春译，上海人民出版社 2000 年版。

[9] 费孝通：《乡土中国》，北京出版社 2005 年版。

[10] 费孝通：《江村经济》，上海世纪出版集团 2007 年版。

[11] 费孝通主编：《中华民族多元一体格局》，中央民族大学出版社 1999 年版。

[12] 胡伟：《制度变迁中的县级政府行为》，中国社会科学出版社 2007 年版。

[13]［美］黄宗智：《长江三角洲小农家庭与乡村发展》，（香港）

牛津大学出版社 1994 年版。

　　［14］［美］黄宗智：《华北的小农经济与社会变迁》，中华书局 1986
年版。

　　［15］梁漱溟：《乡村建设理论》，上海世纪出版集团 2006 年版。

　　［16］［法］马塞尔·莫斯：《礼物——古代社会中交换的形式和理
由》，汲喆译，上海人民出版社 2002 年版。

　　［17］农业部政策研究室编：《中国农业经济概要》，农业出版社
1981 年版。

　　［18］农业出版社编：《中国农业大事记（1949—1980 年）》，农业出
版社 1982 年版。

　　［19］沈荣华、金海龙：《地方政府治理》，社会科学文献出版社
2006 年版。

　　［20］［美］施坚雅：《中国农村的市场和社会结构》，中国社会科学
出版社 1998 年版。

　　［21］［美］詹姆斯·C. 斯科特：《农民的道义经济学——东南亚的
反叛与生存》，译林出版社 2013 年版。

　　［22］王汉生、杨善华：《农村基层政权运行与村民自治》，中国社会
科学出版社 2001 年版。

　　［23］王瑞璞：《中国农村十年（1978—1988）》，解放军出版社 1989
年版。

　　［24］山东省莘县地方史志编纂委员会：《莘县志》，齐鲁书社 1997
年版。

　　［25］延保玉、李寅堂：《张鲁魂》，聊城文广新局内部资料 2010
年版。

　　［26］徐平：《文化的适应与变迁：四川羌村调查》，上海人民出版社
2006 年版。

　　［27］［美］理查德·R. 纳尔逊：《经济变迁的演化理论》，胡世凯
译，商务印书馆 1997 年版。

　　［28］［美］巴林顿·摩尔：《民主和专制的社会起源》，华夏出版社
1987 年版。

　　［29］张之毅：《易村手工业》，商务印书馆 1943 年版。

［30］莘县志鉴编撰委员会编：《莘县志（1998—2010）》，方志出版社 2013 年版。

［31］［美］道格拉斯·C. 诺斯：《经济史中的结构与变迁》，上海人民出版社 1994 年版。

［32］麻国庆：《家与中国社会结构》，文物出版社 1999 年版。

［33］麻国庆：《走进他者的世界》，学苑出版社 2002 年版。

［34］［美］易劳逸：《毁灭的种子：战争与革命中的国民党中国》，王建朗译，江苏人民出版社 2009 年版。

［35］［美］费正清：《中国：传统与变迁》，吉林出版集团有限责任公司 2008 年版。

［36］孙振玉：《回族社会经济文化研究》，兰州大学出版社 2004 年版。

［37］［美］戴维·波普诺：《社会学》，李强等译，中国人民大学出版社 1999 年版。

［38］［英］马林诺夫斯基：《文化论》，费孝通译，华夏出版社 2002 年版。

［39］马宗保：《回族聚居村镇调查研究之单家集卷》，宁夏人民出版社 2008 年版。

［40］回建：《中国散居回族经济发展研究》，中国经济出版社 2009 年版。

［41］胡云生：《传承与认同》，宁夏人民出版社 2007 年版。

［42］安翔：《当代回族生计》，宁夏人民出版社 2013 年版。

［43］张海洋、良警予：《散杂居民族调查：现状与需求》，中央民族大学出版社 2006 年版。

［44］良警予：《牛街——一个城市回族社区的变迁》，中央民族大学出版社 2006 年版。

［45］马启成、高占福、丁宏：《回族》，民族出版社 1995 年版。

［46］马启成、丁宏：《中国伊斯兰文化类型与民族特色》，中央民族大学出版社 1998 年版。

［47］丁宏、张国杰：《百年中国穆斯林》，宁夏人民出版社 2002 年版。

[48] 林耀华：《金翼——中国家族制度的社会学研究》，商务印书馆 2010 年版。

[49] 林耀华：《义序的宗族研究》，生活·读书·新知三联书店 2000 年版。

[50] 林耀华主编：《民族学通论》，中央民族大学出版社 1997 年版。

[51] 周建新、王丽萍：《文化守持与变迁——广西桂林临桂区回族村落调研》，民族出版社 2014 年版。

[52] ［美］亨廷顿：《变化社会中的政治秩序》，王冠华、刘伟等译，上海世纪出版集团 2008 年版。

[53] 黄淑娉、龚佩华：《文化人类学理论方法研究》，广东高等教育出版社 1998 年版。

[54] 陈那波等：《乡村的终结——南景村 60 年变迁历程》，广东人民出版社 2010 年版。

[55] 杜言青：《莘县史鉴》，海洋出版社 1998 年版。

[56] 宋蜀华、白振生主编：《民族学理论与方法》，中央民族大学出版社 1998 年版。

[57] 周大鸣：《凤凰村的变迁——〈华南的乡村生活〉追踪调查》，社会科学文献出版社 2006 年版。

[58] 杨堃：《民族学调查方法》，中国社会科学出版社 1992 年版。

[59] 赖存理：《回族商业史》，中国商业出版社 1988 年版。

[60] 马寿千、赵宏庆：《当代回族经济掠影》，中央民族大学出版社 1997 年版。

[61] 宋志斌、张同基：《一个回族村的当代变迁》，宁夏人民出版社 1998 年版。

[62] 郑杭生：《民族社会学概论》，中国人民大学出版社 2005 年版。

[63] 胡振华：《中国回族》，宁夏人民出版社 1993 年版。

[64] 郑杭生：《社会学概论新修》，中国人民大学出版社 2003 年版。

[65] 李兴华：《中国伊斯兰教史》，中国社会科学出版社 1998 年版。

[66] 马明良：《伊斯兰文化新论》，宁夏人民出版社 1997 年版。

[67] ［美］埃弗里特·M. 罗吉斯、拉伯尔·J. 伯德格：《乡村社会变迁》，王晓毅、王地宁译，浙江人民出版社 1988 年版。

［68］刘永佶：《中国少数民族经济学》，中国经济出版社2008年版。

［69］［伊朗］志费尼：《世界征服者史》，内蒙古人民出版社1980年版。

［70］［澳］迈克尔·R. 达顿：《中国的规制与惩罚——从父权本位到人民本位》，郝方昉、崔洁译，清华大学出版社2009年版。

［71］魏本权：《革命策略与合作运动——革命动员视角下中共农业互助合作运动研究（1927—1949）》，中国社会科学出版社2016年版。

［72］（清）徐宗亮：《黑龙江述略》第6卷，黑龙江人民出版社1985年版。

［73］杨旸、霍燎原：《中国东北史》第5卷，吉林文史出版社2006年版。

［74］［美］罗伯特·A. 达尔：《现代政治分析》，王沪宁等译，上海译文出版社1987年版。

［75］林新乃：《中华风俗大观》，上海文艺出版社1991年版。

［76］姚大力：《北方民族史十论》，广西师范大学出版社2007年版。

［77］［美］露丝·本尼迪克特：《文化模式》，何锡章译，华夏出版社1987年版。

［78］马启成：《回族历史与文化暨民族学研究》，中央民族大学出版社2006年版。

［79］杨怀中：《回族经济研究》，宁夏人民出版社2011年版。

［80］杨晓纯：《散杂居回族经济与回汉民族关系研究——以山东省枣庄市台儿庄区为例》，中央民族大学出版社2011年版。

［81］［美］史蒂文·瓦戈：《社会变迁》（第5版），王晓黎等译，北京大学出版社2007年版。

［82］费孝通：《简述我的民族研究经历和思考》，《六上瑶山》，群言出版社2015年版。

［83］奚从清、沈赓方：《社会学原理》（第四版），浙江大学出版社2001年版。

［84］李培林、李强、马戎主编：《社会学与中国社会》，社会科学文献出版社2008年版。

［85］（清）吴士基等纂修：《朝城县乡土志》（影印本），台北，台

湾成文出版社 1968 年版。

[86] 庄孔韶主编：《人类学概论》，中国人民大学出版社 2006 年版。

[87] 王沪宁：《当代中国村落家族文化——对中国社会现代化的一项探索》，上海人民出版社 1991 年版。

[88] 《回族简史》编写组：《回族简史》，宁夏人民出版社 1978 年版。

[89] 金吉堂：《中国回教史研究》，珪庭出版社有限公司 1971 年版。

[90] 民族问题研究会编：《回回民族问题》（1941），民族出版社 1980 年重印本。

[91] 施正一：《民族经济学教程》，中央民族大学出版社 1997 年版。

[92] 马伟华：《生态移民与文化调适——西北回族地区吊庄移民的社会文化适应研究》，民族出版社 2011 年版。

[93] 马国超：《民族英雄》，华艺出版社 2001 年版。

[94] 杨善华：《家庭社会学》，高等教育出版社 2006 年版。

[95] ［德］齐美尔：《现代人与宗教》，曹卫东等译，中国人民大学出版社 2005 年版。

二　论文

[96] 费孝通：《谈小城镇建设》，《社会学通讯》1983 年第 2 期。

[97] 费孝通：《农村、小城镇、区域发展——我的社区研究历程的再回顾》，《北京大学学报》（哲学社会科学版）1995 年第 2 期。

[98] 费孝通：《论中国家庭结构的变动》，1982 年 3 月在日本国际文化会馆的学术演讲。

[99] 陆学艺、张厚义：《农民的分化问题及其对策》，《农业经济问题》1990 年第 1 期。

[100] 陆平辉：《散居少数民族概念解析》，《西北民族大学学报》（哲学社会科学版）2011 年第 5 期。

[101] 孔小礼：《科学技术和中国农村的生活方式》，《学习与研究》1985 年第 11 期。

[102] 刘援朝：《现阶段农村的家庭组织——十三泉村亲族关系的考察》，《社会学研究》1991 年第 6 期。

[103] 黄冬娅:《国家基础权力研究述评:基于财政分析的视角》,《中山大学学报》(社会科学版) 2010 年第 4 期。

[104] 姚丽娟:《当前少数民族地区群众思想动态特征——2010 年社会思想动态调查研究》,《中央民族大学学报》(哲学社会科学版) 2012 年第 6 期。

[105] 卢晖临、李雪:《如何走出个案——从个案研究到扩展个案研究》,《中国社会科学》2007 年第 1 期。

[106] 任国英:《生态人类学的主要理论及其发展》,《黑龙江民族丛刊》2004 年第 5 期。

[107] 苏力:《法律社会学调查中的权力资源——一个社会学调查过程的反思》,《社会学研究》1998 年第 6 期。

[108] 熊启珍:《试论人民公社兴起的动力与理论依据》,《党史研究与教学》1997 年第 2 期。

[109] 折晓叶、陈婴婴:《项目制的分级运作机制和治理逻辑——对"项目进村"案例的社会学分析》,《中国社会科学》2011 年第 4 期。

[110] 折晓叶:《县域政府治理模式的新变化》,《中国社会科学》2014 年第 1 期。

[111] 范景鹏:《海岱河山,回儒交融——山东回族历史文化研究》,博士学位论文,兰州大学,2012 年。

[112] 丁宏:《从回汉民族关系角度谈加强伊斯兰文化研究的重要意义》,《西北第二民族学院学报》2002 年第 1 期。

[113] 丁宏:《从回族文化认同看伊斯兰教与中国社会相适应问题》,《西北民族研究》2005 年第 2 期。

[114] 丁宏:《文化、性别与回族社会》,《西北民族大学学报》2008 年第 3 期。

[115] 丁宏:《谈回族研究中的性别意识》,《回族研究》2002 年第 3 期。

[116] 杨晓纯:《散杂居回族经济与回汉民族关系研究——以山东省枣庄市台儿庄区为例》,博士学位论文,中央民族大学,2007 年。

[117] 吴振华:《佤族社会文化变迁研究——基于云南沧源佤族自治县的田野调查》,博士学位论文,中央民族大学,2013 年。

［118］烯春嫒：《人口较少民族社会文化变迁研究——以云南布朗族为例》，博士学位论文，中央民族大学，2011 年。

［119］罗惠翾：《宗教的社会功能——几个穆斯林社区的对比调查与研究》，博士学位论文，中央民族大学，2005 年。

［120］王平：《临夏八坊：一个传统与现代回族社区的建构》，博士学位论文，兰州大学，2009 年。

［121］沈再新：《散杂居少数民族生活方式变迁研究（1949—2008）——以湖北省仙桃市沔城回族镇为例》，博士学位论文，中央民族大学，2009 年。

［122］马洪伟：《三亚回族社区的伊斯兰文化与社会生活研究》，博士学位论文，中南民族大学，2012 年。

［123］耿毅：《白族农村社区文化变迁研究——以云南元江定安村为例》，博士学位论文，中央民族大学，2011 年。

［124］杨爱民：《村民自治与中国农村政治体制改革》，《河北学刊》1995 年第 5 期。

［125］冯辉：《对我国村民自治制度的几点认识》，《政治学研究》1996 年第 3 期。

［126］唐崇佑：《现阶段实行村民自治过程中的问题及解决途径》，《社会主义研究》1991 年第 1 期。

［127］徐勇：《浸润在家族传统文化中的村民自治——湖南秀村调查》，《社会科学》1997 年第 10 期。

［128］杨文炯：《回族形成的历史人类学解读》，《民族研究》2006 年第 4 期。

［129］丁乐春：《山东回族的今昔》，《宁夏社会科学》1986 年第 4 期。

［130］杨玲：《历史上的山东回族经济》，《回族研究》1998 年第 3 期。

［131］杨湛山：《山东回族教育五十年来的发展与未来对策》，《回族研究》1999 年第 4 期。

［132］王孟：《山东回回穆斯林的历史记忆与族群认同——以山东回族族谱谱序为重点的考察》，硕士学位论文，上海师范大学，2012 年。

［133］李彬：《回族在城市中的社会网络——关于淄博市张店区的个

案研究》,《宁夏社会科学》1993 年第 5 期。

［134］邢培华、雷凤芹、孙建华:《近代山东聊城回族概述》,《山东青年管理干部学院学报》2006 年第 3 期。

［135］宋彤:《济宁回族家庭日常交往网络研究》,硕士学位论文,西北民族大学,2009 年。

［136］刘太玲:《近代以来散杂居回族婚姻观念变迁研究——以山东青州东升社区为个案》,硕士学位论文,中南民族大学,2007 年。

［137］马佳:《山东青州回族文化变迁研究》,硕士学位论文,西北民族大学,2008 年。

［138］周传斌:《山东省临沂市的回族》,《宁夏社会科学》1998 年第 2 期。

［139］许宪隆:《德州北营回民历史的考察——苏禄东王后裔在中国》,《宁夏社会科学》1990 年第 4 期。

［140］应星:《身体与乡村日常生活中的权力运作——对中国集体化时期一个村庄若干案例的过程分析》,《中国乡村研究》第二辑,商务印书馆 2003 年版。

［141］白寿彝:《关于开展回族史工作的几点意见》,载《白寿彝民族宗教论集》,北京师范大学出版社 1992 年版。

［142］李劼:《生计方式与生活方式之辨》,《中央民族大学学报》(哲学社会科学版) 2016 年第 1 期。

［143］张厚安:《民主科学的结晶村民自治的章程——从章丘经验看深化农村改革的新的启动点》,《社会主义研究》1991 年第 5 期。

［144］李小卫:《浅析清真寺的社会功能与文化价值》,《北京第二外国语学院学报》2006 年第 6 期。

［145］马丽蓉:《全球化背景下的清真寺功能评估》,《阿拉伯世界研究》2009 年第 1 期。

［146］聂君、完颜雯洁:《近十年来我国回族教育研究的文献分析》,《图书馆理论与实践》2014 年第 4 期。

［147］马效义:《回族社区的家庭教育投资理念与学校教育关系研究——山东莘县朝城镇回族社区个案研究》,《湖北民族学院学报》(哲学社会科学版) 2005 年第 5 期。

[148] 杨斌、石龙宇、李春明：《农村生态社区概念及评价指标体系》，《环境科学与社会》2015 年第 12 期。

[149] 庄孔韶：《中国乡村人类学的研究进程》，《广西民族学院学报》（哲社版）2004 年第 1 期。

[150] 王先明：《中国近代乡村史研究及展望》，《近代史研究》2002 年第 2 期。

[151] 杨列全：《中国现代化进程中的农村社会变迁特点及认识》，《南京工程学院学报》（社会科学版）2016 年第 1 期。

[152] 易法敏、文晓巍：《新经济社会学中的嵌入理论研究评述》，《经济学动态》2009 年第 8 期。

[153] 范景鹏：《山东的撒拉尔人——山东禹城韩家寨历史研究》，《青海社会科学》2012 年第 2 期。

[154] 王孟：《山东回回穆斯林的历史记忆与族群认同——以山东回族族谱谱序为重点的考察》，硕士学位论文，上海师范大学，2012 年。

三　外文

[155] Lockwood, V. S. "Capitalism, Socioeconomic Differentiation and Development in Rural French Polynesia", *Barry L. Isaac Research in Economic Anthropology*, London Jai Press Inc. 1991.

[156] Zhou, Kate Xiao. *How the Farmers Changed China*: *Power of the People*. Boulder, Colo. Westview Press. 1996.

[157] Dru. C. Gladney, *Muslim Chinese*: *Ethnic Nationalism in the People's Republic*, Published by Council East Asian Studies, Harvard University and Distributed by Harvard University Press in 1991.

四　网络文献

[158] 《山东民族概况》，http：///www. sdmw. gov. cn/channels/ch00 2261。

[159] 全国第五次人口普查网址：http：//www. stats. gov. cn/tjsj/nd-sj/renkoupucha/2000pucha/pucha. htm。

附　　录

附录一　2014 年 8 月调查问卷

问卷时间：2014 年 8 月　　日

问卷编号：No.

回族村落经济与社会发展调查研究问卷

您好：

为了了解当地回族的经济和社会的发展状况，我们特制定本调查问卷，本问卷采取匿名的方式开展，数据仅供学术研究。耽误您的宝贵时间，感谢您的支持与合作！

中央民族大学民族学与社会学学院课题调查组

2014 年 8 月

注：请您在框内"□"打钩，或者在括号内填写需标注的信息。

个人信息

1. 您的性别：

□ 男　　　　　□ 女

2. 您的年龄：

□20 岁以下　　□20—35 岁　　　□36—50 岁　　　□50 岁以上

3. 您的婚姻状况：

□未婚　　　　□已婚　　　　□其他

4. 您的民族成分：

□回　　　　　□汉　　　　　□其他

5. 您的政治面貌：

□共产党员　　□共青团员　　□无党派

6. 您的文化程度：

□初中及以下　□高中或中专　□大专　　　　□大学

□本科以上

7. 您的职业（单选）：

□农民　　　　□商业服务人员　□宗教人士　　□私营企业主

□公务员　　　□集体企业主　　□工人　　　　□教师

□医护人员　　□失业人员　　　□学生　　　　□司机

□个体户

8. 您家里有几口人：

□单身　　　　□2 人　　　　□3 人　　　　□3—5 人

□5 人以上

9. 您的家庭结构：

□单身　　　　　　　　　　□夫妻

□夫妻加一个孩子　　　　　□夫妻加两个及以上孩子

□三代同堂家庭　　　　　　□三代同堂以上家庭

□其他

村落经济

10. 您个人的月收入：

□500 元以下　□ 500—1000 元　□1000—2000 元　□2000 元以上

11. 您每个月的支出：

□500 元以下　□ 500—1000 元　□1000—2000 元　□2000 元以上

12. 您日常支出的主要项目（多选）：

□饮食　　　　□交通　　　　□教育　　　　□医疗

□娱乐　　　　□人际交往　　□服装　　　　□水电燃气

□其他

13. 您家中有哪些耐用消费品（多选）：

□彩电　　　　□摩托车　　　□汽车　　　　□洗衣机

□冰箱　　　　□电脑　　　　□空调

14. 您对当前的生活状况满意吗?

□很满意 □不满意 □凑合过 □很不满意

15. 您现在最关注本地的哪些热点问题（可多选)?

□社会治安 □清真饮食管理 □教育 □医疗

□就业 □民族宗教问题 □住房拆迁问题 □经济问题

□其他

16. 您经常与哪些人交往:

□亲戚 □同事

□邻居 □共同爱好的人

□其他

17. 您选择的消费地点:

□总在乡镇上 □一般在乡镇市场上，偶尔去城里

□一般在城里，偶尔去乡镇上

18. 您在城里有房吗?

□有 □没有

19. 您在城里有买房打算吗?

□没有 □暂时没有 □有

20. 您认为新农村建设应该主要依靠什么（多选题):

□靠政府项目资金扶持 □发展农村集体经济

□靠村民自身努力 □村民和政府集体努力

□靠招商引资 □靠国家政策正确引导

□不清楚

21. 政府政策使您受益最多的地方在哪里:

□九年义务教育免除学生学杂费 □农机具补贴

□减免农业税 □医疗保险

22. 您认为村里近几年来经济发展成效的最主要表现有（多选题):

□改善了农村基础设施

□提高了农民生活水平

□减轻了农村税费负担

□明显改善了农村环境

□农村乡风文明得到明显提升

☐教育、文化、医疗等公共事业得以发展

23. 如何才能更好地发展农村经济:

☐相信知识能创造财富　努力学习☐搬到城市去居住

☐外出打工　　　　　　　　　☐国家帮助发展农村经济

☐社会各界帮助拉动农村经济发展

24. 您认为当前农村生活水平提高的原因是什么:

☐改革开放的影响　　　　　　☐政府的大力扶持

☐家族的个人奋斗　　　　　　☐向农村信用社进行贷款

☐其他

25. 您认为您所在农村经济改善最多的地方在哪里:

☐交通设施

☐住房条件（包括用水、用电的方便程度）

☐家用电器

☐家用或农用交通工具

☐儿童教育

26. 您家的经济状况与过去十年相比:

☐改善很多　　　　　　　　　☐改善一点

☐没有明显变化　　　　　　　☐不如过去

27. 您对现在的生活水平:

☐非常满意　　☐还好　　　　☐不太满意　　　☐很不满意

28. 今后对土地经营的打算是（可多选）:（土地流转）

☐继续经营现有自家承包地　　☐自家承包地部分转包

☐自家承包地大部分转包　　　☐自家承包地全部转包

☐增包他人承包地　　　　　　☐其他

29. 您家是否参加了农业合作组织:

☐是（组织名称:）＿＿＿＿＿＿　☐否

30. 放弃土地经营的原因是（如未放弃请不选）:

☐无能力耕种　　　　　　　　☐已有其他工作不想再兼业

☐打算在本地从事非农产业　　☐打算迁往城镇从事非农产业

☐打算到外地承包耕地　　　　☐其他

31. 您家目前最重视的经营项目是：

□种植业　　　□养殖业　　　□林业　　　□家庭工业

□家庭副业（含小生意）　　　□提供劳务（含外出打工）

□其他

32. 您家目前在生产经营中最缺的是什么？

□资金　　　□耕地　　　□技术　　　□信息

□销售渠道　　□知识　　　□其他

33. 家中人口就业类型：

□纯农户　　　□非农户　　　□农兼非　　　□非兼农

□未就业　　非农户离开农业已有＿＿＿＿＿＿＿＿年

34. 纯农就业者情况：

经营范围	纯农经营项目安排的依据是	生产中遇到困难时通常是	产品去向	产品出售渠道
□种植业 □养殖业 □林业 □其他	□自家需要 □凭习惯 □随大流 □合同订单 □去年市场行情 □分析当年市场行情 □政府命令 □其他	□找当地农技人员 □自己找资料学习摸索 □请教有经验的农民 □听天由命 □电视、农技杂志等媒体 □其他	□自己消费 □小部分出售 □大部分出售 □全部出售	□按合同交货 □卖给加工企业 □卖给商贩 □委托出售 □自己零售 □批发市场 □其他

35. 兼业者从事非农产业情况。家里有＿＿＿＿＿＿人参加非农劳动；是否壮劳力？是＿＿＿＿＿＿、否＿＿＿＿＿＿；业务范围：

□手工业　　　□建筑业　　　□运输　　　□仓储

□餐饮业　　　□社会服务业　　　□其他

子女教育

36. 您家有＿＿＿＿＿＿个孩子，＿＿＿＿＿＿上学人数：

□1 个　　　□2 个　　　□3 个　　　□3 个以上

37. 您的孩子现在受教育程度分别为：_____（按照孩子个数选）

□小学　　　　　□初中　　　　　□高中　　　　　□中专、大专

□大学及以上

38. 您对孩子的受教育程度的期望：

□小学　　　　　　　　　　　　□初中

□高中　　　　　　　　　　　　□大学或大学以上

□看孩子意愿

39. 您对女孩接受教育的认识情况：

□很有用　　　□有用　　　　□比较有用　　　□几乎没用

40. 您认为家庭教育投资是为了：

□提高孩子自身文化素质

□找个好工作，改善生活水平，提高社会地位

□只是觉得有用，没有特别的目的

41. 您的家庭教育年总支出是：

□1000 元以下　□1000—2000 元　□2000—3000 元

□3000—4000 元　　　　　　□4000 元以上

42. 您家里学费负担情况：

□负担很重，不能支付，需借款读书

□能支付学费，但占家庭收入的比例大

□能支付学费，占家庭收入比例小

43. 教育支出比重排序：_____（选重要的 3 个）

①购买报纸杂志，辅导资料等书籍 ②参加各种辅导班 ③文具等学习用品 ④学杂费 ⑤购买关于学习的电子产品，如电脑、电子词典等 ⑥矫正视力及购买各种保健品费用

村落权力

44. 您是否担任过村干部？

□是　　　　　　□否（选此项者请直接填答 46 题）

45. 您目前在村中担任什么职务？

□党总支、党支部干部　　　　　□村委会干部

□其他（请注明）

46. 您对《村民委员会组织法》了解吗？

□非常了解　　　　　　　　□了解一些

□听说过，但不了解具体内容　□没听说过

47. 您想当村干部吗？

□想当，会积极争取　　　　□想当，但不会积极争取

□不想当　　　　　　　　　□没考虑过

48. 您想当村干部主要是为什么？（可多选）

□工资　　　　　　　　　　□面子

□建立广泛的人际关系　　　□利于自己发展

□为民办实事　　　　　　　□处理民族关系

□其他

49. 您不想当村干部是为什么？（可多选）

□获得的实惠太少　　　　　□势力不大，会没人听

□工作不好做，易得罪人　　□没关系，拼也拼不上

50. 村里您最佩服什么人？（可多选）

□宗教人士　　　　　　　　□村干部

□宗族长　　　　　　　　　□工商业成功人士

□党员　　　　　　　　　　□人民教师

□村干部　　　　　　　　　□农业能手

□其他

51. 您认为村干部在村里事务上发挥作用吗？

□非常有作用　　　　　　　□个别有作用

□不管用　　　　　　　　　□不清楚

52. 您认为宗族人士在村里重大事务上发挥作用吗？

□非常有用　　　　　　　　□个别有用

□不管用　　　　　　　　　□不清楚

53. 您认为工商业经营在村里重大事务上发挥作用吗？

□非常有用　　□个别有用　　□不管用　　　　□不清楚

54. 村里的重大事件您最关心？（可多选）

□村里基础设施建设　　　　□村福利水平

□惠民补助发放　　　　　　□子女入学

☐村里行政事务　　　　　☐计划生育问题
☐民族关系　　　　　　　☐其他

55. 如您在村里遇到困难，您最先想到求助的是？
☐村干部　　☐宗教人士　　☐家族能人　　☐乡镇领导
☐自行解决　☐其他

宗教生活与民族关系

56. 您经常去清真寺做礼拜吗？
☐常去　　　☐不常去　　　☐从来不去

57. 您对村里的宗教活动满意吗？
☐很满意　　☐比较满意　　☐不太满意　　☐很不满意
☐不关心

58. 您对回汉通婚持什么态度？
☐赞成　　　☐反对　　　　☐无所谓

59. 您认为汉族与回族之间的矛盾主要集中在？
☐宗教信仰导致　　　　　☐风俗习惯导致
☐相互不尊重导致　　　　☐经济利益导致
☐其他

60. 您认为当地回汉之间关系如何？
☐很好　　　☐较好　　　☐一般　　　☐不好
☐不知道

61. 您认为当地政府在政治、经济生活中是否平等地照顾到了回族的权益？
☐照顾到了　　　　　　　☐没有照顾到
☐照顾得很少　　　　　　☐不清楚

62. 您认为实现散杂居地区各民族事实上平等的有效途径是？（可多选）
☐提高少数民族的政治待遇　☐加快少数民族的经济发展
☐提高少数民族的教育水平　☐转变少数民族的思想观念

附录二　调查问卷统计分析

总计发放问卷 300 份，回收及有效问卷共计 280 份。

性别分布

性别	频次（次）	百分比
男	113	40%
女	167	60%
总数	280	100%

年龄分布

年龄	频次（次）	百分比
20 岁以下	18	6%
20—35 岁	81	29%
36—50 岁	112	40%
50 岁以上	69	25%
总数	280	100%

婚姻状况分布

婚姻状况	频次（次）	百分比
未婚	38	14%
已婚	241	86%
其他	1	0.3%
总数	280	100%

民族成分分布

民族	频次（次）	百分比
汉	32	11%
回	248	89%
总数	280	100%

政治面貌分布

民族	频次（次）	百分比
共产党员	41	15%
共青团员	99	35%
无党派人士	140	50%
总数	280	100%

文化程度分布

文化程度	频次（次）	百分比
初中及以下	41	15%
高中或中专	208	74%
大学本科及以上	31	11%
总数	280	100%

职业分布

职业	频次（次）	百分比
农民	115	41%
商业服务人员	9	3%
宗教人士	7	3%
私营企业主	40	14%
公务员	14	5%
集体企业主	10	4%
工人	3	1%
教师	5	2%
医护人员	9	3%
失业人员	5	2%
学生	4	1.4%
司机	—	—
个体户	57	20%

家庭人口分布

家庭人口数量	频次（次）	百分比
单身	6	2%
2 人	33	12%
3 人	45	16%
4 人	56	20%
5 人	94	34%
6 人	19	7%
7 人	12	4%
7 人以上	15	5%
总数	280	100%

家庭结构分布

家庭结构	频次（次）	百分比
单身	6	2%
夫妻	22	8%
夫妻加一个孩子	50	18%
夫妻加两个孩子及以上	67	25%
三代同堂	84	31%
三代同堂及以上家庭	33	12%
其他（如单亲）	9	3%
总数	271	100%

注：有效问卷 271 份，未填写 9 份。

村落经济

个人月收入分布

个人月收入	频次（次）	百分比
500 元以下	70	25%
500—1000 元	90	32%
1000—2000 元	45	16%
2000 元以上	75	27%
总数	280	100%

个人月支出分布

个人月支出	频次（次）	百分比
500 元以下	124	44%
500—1000 元	99	35%
1000—2000 元	27	10%
2000 元以上	30	11%
总数	280	100%

日常支出分布

项目	频次（次）	百分比
饮食	261	93%
交通	40	14%
教育	130	46%
医疗	78	28%
娱乐	66	24%
人际交往	190	68%
服装	121	43%
水电燃气	275	98%
其他	160	57%
总数	—	—

注：本题为多选题。

家庭耐用消费品分布

项目	频次（次）	百分比
彩电	275	98%
摩托车	45	16%
汽车	27	10%
洗衣机	120	43%
冰箱	181	64%
电脑	53	19%
空调	111	40%

注：此题为多选题。

对当前生活状况的满意度分布

项目	频次（次）	百分比
很满意	187	51%
不满意	25	35%
凑合过	86	10%
很不满意	10	4%
	280	100%

最关心本地的热点问题分布

项目	频次（次）	百分比
社会治安	114	41%
清真饮食管理	36	13%
教育	148	53%
医疗	198	71%
就业	128	46%
民族宗教问题	42	15%
住房拆迁问题	109	39%
经济问题	231	83%
其他	79	28%

注：本题为多选题。

经常与哪些人交往分布

项目	频次（次）	百分比
亲戚	110	39%
同事	21	8%
邻居	60	21%
共同爱好的人	37	13%
其他	52	19%

消费地点分布

项目	频次（次）	百分比
总在乡镇上	101	36%
一般在乡镇市场上，偶尔去城里	152	54%
一般在城里，偶尔去乡镇上	27	10%

是否在城中有房分布

项目	频次（次）	百分比
有	63	23%
没有	217	77%

在城里有无购房打算分布

项目	频次（次）	百分比
没有	46	16%
暂时没有	114	41%
有	120	43%

认为新农村建设主要依靠分布

项目	频次（次）	百分比
靠政府项目资金扶持	213	76%
发展农村集体经济	178	64%
靠村民自身努力	89	32%
村民和政府集体努力	198	71%
靠招商引资	145	52%
靠国家政策正确引导	139	50%
不清楚	35	13%

注：此题为多选题。

从政府政策中收益最多的分布

项目	频次（次）	百分比
九年义务教育免除学生学杂费	68	24%
农机具补贴	90	32%
减免农业税	120	43%
医疗保险	2	0.7%

经济发展表现成效分布

项目	频次（次）	百分比
改善了农村基础设施	68	24%
提高了农民生活水平	125	45%
减轻了农村税费负担	210	75%
明显改善了农村环境、面貌	85	30%
农村乡风文明得到明显提升	43	15%
教育、文化、医疗等公共事业得以发展	28	10%

注：此题为多选题。

如何才能更好地发展农村经济分布

项目	频次（次）	百分比
相信知识能创造财富　努力学习	78	28%
搬到城市去居住	19	7%
外出打工	169	63%
国家帮助发展农村经济	220	79%
社会各界帮助拉动农村经济发展	125	45%

当前农村生活水平提高的原因分布

项目	频次（次）	百分比
改革开放的影响	78	28%
政府的大力扶持	169	60%
家族的个人奋斗	178	64%
向农村信用社进行贷款	35	13%
其他	191	68%

您所在农村经济改善最多的地方分布

项目	频次（次）	百分比
交通设施	182	65%
住房条件（包括用水、用电的方便程度）	189	68%
家用电器	123	44%
家用或农用交通工具	102	36%
儿童教育	160	57%

注：此题为多选题。

您家的经济状况与过去十年相比分布

项目	频次（次）	百分比
改善很多	258	92%
改善一点	20	7%
没有明显变化	2	1%
不如过去	0	100%

您对现在的生活水平评价值的分布

项目	频次（次）	百分比
非常满意	205	73%
还好	55	20%
不太满意	14	5%
很不满意	6	2%
总计	280	100%

今后对土地经营的打算的分布

项目	频次（次）	百分比
继续经营现有自家承包地	164	68%
自家承包地部分转包	76	32%
自家承包地大部分转包	47	20%
自家承包地全部转包	38	16%
增包他人承包地	42	17%
其他	8	3%

注：此题为多选题，有效问卷 241 份。

您家是否参加了农业合作组织的分布

项目	频次（次）	百分比
是	98	46%
否	114	54%

注：此题有 68 份问卷未填。

您家目前最重视的经营项目分布

项目	频次（次）	百分比
种植业	79	28%
养殖业	61	22%
林业	15	5%
家庭工业	31	11%
家庭副业（含小生意）	72	26%
提供劳务（含外出打工）	22	8%
其他		

生产经营中最缺的是什么分布

项目	频次（次）	百分比
资金	175	63%
耕地	47	17%
技术	158	56%
信息	143	51%
销售渠道	98	35%
知识	121	43%
其他	12	4%

注：此题为多选题。

家中人口就业类型分布

项目	频次（次）	百分比
纯农户	63	—
非农户	43	23%
农兼非	167	16%
非兼农	0	61%
未就业	0	—

注：此题为多选题，有效问卷 273 份。

纯农就业分布

项目	频次（次）	百分比
种植业	40	63%
养殖业	21	33%
林业	3	5%
其他	—	—

纯农经营项目安排的依据分布

项目	频次（次）	百分比
自家需要	21	33%
凭习惯	8	13%
随大流	19	30%
合同订单	—	—
去年市场行情	—	—
分析当年市场行情	—	—
政府命令	15	24%
其他	—	—

在农业生产中遇到困难会怎样选择分布

项目	频次（次）	百分比
找当地农技人员	60	95%
自己找资料学习摸索	—	—
请教有经验的农民	3	5%
听天由命	—	—
电视、农技杂志等媒体	—	—
其他	—	—

农业产品去向分布

项目	频次（次）	百分比
自己消费	—	—
小部分出售	—	—
大部分出售	57	90%
全部出售	6	10%

农产品出售渠道分布

项目	频次（次）	百分比
按合同交货	46	71%
卖给加工企业	—	—
卖给商贩	—	—
委托出售	—	—
自己零售	12	19%
批发市场	5	8%
其他	—	—

放弃农产品耕种经营的原因分布

项目	频次（次）	百分比
无能力耕种	2	5%
已有其他工作不想再兼业	11	26%
打算在本地从事非农产业	30	70%
打算迁往城镇从事非农产业	—	—
打算到外地承包耕地	—	—
其他	—	—

兼业者从事非农产业情况（人口）

项目	频次（次）	百分比
1 人	75	45%
2 人	53	32%
3 人	21	13%
4 人	18	11%
5 人以上	—	—

兼业者从事非农产业情况（行业分布）

项目	频次（次）	百分比
手工业	75	45%
建筑业	15	9%
运输	25	15%
仓储	—	—
餐饮业	46	28%
社会服务业	6	4%
其他	—	—

子女教育

家中子女个数分布

项目	频次（次）	百分比
1 个	61	22%
2 个	115	41%
3 个	84	30%
3 个以上	20	7%

孩子现在受教育程度分布

项目	频次（次）	百分比
小学	31	11
初中	34	12
高中	67	24
中专、大专	28	10
大学及以上	120	43

您的家庭教育年总支出分布

项目	频次（次）	百分比
1000 元以下	85	30
1000—2000 元	56	20
2000—3000 元	38	14
3000—4000 元	42	15
4000 元以上	59	21

村落权力

是否做过村干部分布

项目	频次（次）	百分比
是	11	4%
否	269	96%

在村中担任什么职务分布

项目	频次（次）	百分比
党总支、党支部干部	4	—
村委会干部	7	—
其他	—	—

是否想当村干部分布

项目	频次（次）	百分比
想当，会积极争取	36	13%
想当，但不会积极争取	—	—
不想当	244	87%
没考虑过	—	—

注：此题为多选题。

您不想当村干部是为什么分布

项目	频次（次）	百分比
获得的实惠太少	186	66%
势力不大，会没人听	58	21%
工作不好做，易得罪人	147	53%
没关系，拼也拼不上	79	28%

注：此题为多选题。

村干部在村里事务上发挥作用分布

项目	频次（次）	百分比
非常有作用	57	—
个别有作用	55	—
不管用	98	—
不清楚	70	—

工商业经营者在村里重大事务上发挥作用分布

项目	频次（次）	百分比
非常有作用	192	69%
个别有作用	47	17%
不管用	20	7%
不清楚	16	6%

村里的重大事件您最关心分布

项目	频次（次）	百分比
村里基础设施建设	57	20%
村福利水平	25	9%
惠民补助发放	69	25%
子女入学	65	23%
计划生育问题	57	20%
民族关系	37	13%
其他	10	4%

注：此题为多选题。

如您在村里遇到困难，您最先想到求助的是分布

项目	频次（次）	百分比
村干部	135	50%
宗教人士	57	20%
家族能人	178	64%
乡镇领导	47	17%
自行解决	187	67%
其他	—	—

宗教生活与民族关系

您经常去清真寺做礼拜吗分布

项目	频次（次）	百分比
常去	95	34%
不常去	70	25%
从来不去	115	41%

您对回汉通婚持什么态度分布

项目	频次（次）	百分比
赞成	160	57%
反对	86	31%
无所谓	34	12%

您认为汉族与回族之间的矛盾主要集中在什么地方分布

项目	频次（次）	百分比
宗教信仰导致	126	45%
风俗习惯导致	36	13%
相互不尊重导致	26	9%
经济利益导致	90	32%
其他	40	14%

注：此题为多选题。

您认为实现散杂居地区各民族事实上平等的有效途径分布（可多选）

项目	频次（次）	百分比
提高少数民族的政治待遇	128	46%
加快少数民族的经济发展	118	42%
提高少数民族的教育水平	106	38%
转变少数民族的思想观念	34	12%

注释：此题为多选题。

问卷数据说明：本次问卷调查开始于 2014 年 8 月，抽样方法按照各个回族聚居的村落开展随机抽样，前期从镇政府里拿到一个涵盖所有户数的大框架，从中进行随机抽取 300 份，具有较高的信度和效度。总计发放问卷 300 份，回收及有效问卷共计 280 份。在发放问卷的同时，进行访谈，问卷数据应用于文章撰写中。

附录三　个案访谈记录选编

个案一：MDP，男，回族，农民，54 岁。访谈时间：2014 年 8 月 2 日。

我们家有五口人，我和老伴，还有两个女儿、一个儿子。主要靠种地为生，家里四亩地，按季节播种经济作物，搞了一亩时蔬大棚，种一亩玉米产 700—800 斤，经济作物仅仅够过活，一亩蔬菜一年能赚 2000—3000 元，这几年种蔬菜还是能赚钱，但比较辛苦，所以就搞了一亩。我以前常去城里开民族饭庄的兄弟那儿打工，在后厨做菜，曾跟随叔伯一辈的学过做菜手艺，精通回族传统厨艺，但在外很辛苦，所以不做了，2012 年靠在外打工赚到 4 万元。平时爱好是养鸽子，养了 10 多只信鸽。清真寺里或谁家有婚丧事常去帮忙。经过这些年的发展，当地的生活比以前明显提高，回族的生活比汉族人过得好，镇里有不少回民百万元户。回汉关系比以前融洽，原因是经济条件好了。家里一个女儿上了本科，现在城里一个事业单位工作，已经找了当地的回民男孩结婚，二女儿在一所医学专科学校学医，毕业找到了实习和就业的医院，小儿子还在上高中，现在重点培养小儿子，小儿子上了县里重点中学，学习成绩不错，以后想让他学理工科，希望以后孩子都找回族对象。平时家里没有什么负担，靠种地和打零工，每年除了孩子上学支出外，还有结余。

个案二：CY，男，回族，分管区书记，27 岁。访谈时间：2014 年 8 月 2 日。

我们现在已经和父母分开居住，在县城里有房子，对象是其他乡镇的回族姑娘，现在县里农商银行工作，我在镇上有宿舍，平时晚上如果有工作就住宿舍，没有就回县里住。

　　我 2008 年大学毕业后，到乡镇上帮忙，因为是回族镇，欢迎当地培养的大学生返乡，因父母在镇上居住，也便于回来照顾父母。刚开始在镇上治保办从事宣传和文秘工作，后来分到管区，在张鲁村管区，下辖的几个都是回族社区，主要工作是传达上级命令，催收各种费用，直接联络各村支书。回族社区相对于汉语社区来说工作更好做，因为是熟人社会，但是牵涉村民利益的工作也不好开展，因为很多都是我亲戚辈分的，从 2010 年 8 月开始做管区书记，至今四年时间，做了一些工作：

　　第一，推进管区各村中的引水改造工程，村里的引水系统是 20 世纪 90 年代末开通的，由于时间较长，某些村民家的引水系统存在老化和缺水的现象，乡镇财政拿出民族补贴转款将近 100 万元，完成了三个回族村的管网改造工程，安装水表。

　　第二，推进管区各村的电网改造，逐步更换老旧供电线路和电表。

　　第三，推进回族民间艺术团建设，当地鲁西秧歌久负盛名，民族艺术文化较强，但没有一个统一的群众团体，组织成立回族民间艺术团，促进民间艺术的发展。

　　第四，促进新农居规划，按照国家新农村建设的要求，根据回族传统农居的样式，请来规划专家规划新农居和村貌建设。

　　第五，推进村集体经济建设，以前村集体是个"空壳经济体"，村里没有自己的集体经济，没有村集体收入，每年实施经费只靠上级拨款支持，只有 3 万元左右，各村很难开展工作。在职期间，壮大榨油业、林果业等村集体经济发展，壮大集体经济实力。

　　第六，加强基层党组织建设。相比四年前，现在村村通互联网，许多合作社通过互联网进行农贸产品交易，基层党组织是我们党在基层工作的战斗堡垒，几年来依靠互联网加强"齐鲁先锋"基层党组织建设学习，建设基层党员活动室，建设图书室，外出交流学习，加强党员凝聚力和带头示范作用。

　　做了几年管区书记，CY 感触很深，他说基层工作很难做，对上要完成任务，对下要对得起老百姓。当地农村老百姓最关心的是经济致富问题，但是选择什么样的村经济发展模式很关键，提高老百姓的综合素质也很关键，回族是一个能吃苦的民族，虽然相对于其他地区经济发展不错，但未来经济前进的道路还很漫长。推进现代化农业建设，发展农业合作社，政府给予产销的扶持，认为扶持家族化或地域性的民族企业是重中之重。CY对当地未来的发展充满信心，希望未来能有更多回族青年返乡工作，为家乡建设出力！

个案三：YDC，男，回族，52岁，某村党支部书记。访谈时间：2014年8月3日。

初见YDC书记，是参加镇小麦直补汇报上，YDC书记身材高大，皮肤黝黑，说话不紧不慢，留给我一个踏实稳重的好印象，通过进一步了解，一个无私为民的基层干部形象逐渐丰满起来。访谈是在他家中进行的，YDC的家显得很朴素而精致，不太大的小院中种着石榴和枣树，院中还有一口压力式的井。家中当时还有女主人在，女主人在街面上经营一家副食品超市。YDC书记很热情，拿出了回族糕点招待我，我们边吃边聊，气氛很融洽，YDC书记说他们家族从明朝时期就在此居住，经过近六百年的发展，在这个地方休养生息，其祖父当年是个大户，有大片的土地，还做中药材和开澡堂的生意，到其父亲这辈，兄弟3个还有4个姐妹，兄弟分了其祖父的家产，开始从事各自的经营，在土改期间，由于其父亲土地占有较多，被定性为地主，小时候没少吃苦。后来高中毕业，参军，在福建当兵，复员之后回乡务农。目前家里有20亩土地，种植小麦、玉米、花生，土地种植收入大约每年10000—15000元，其爱人经营的副食品超市，每年纯利润大约30000元，其任村支出每月收入大约1000元，一年大约12000元，所以家庭年收入大约5万—6万元，YDC书记说他们家这个收入在村里算是中等水平。每年家庭支出大约在2万元，这其中支出最多的是小儿子上大学的学费，YDC书记有三个孩子，大女儿已经组成新家庭，在县城做公务员，二儿子也另立门户组建家庭，目前做粮油批发生意，小儿子在北京一所全国重点大学读材料科学，2016年毕业，小儿子学费和生活费支出每年大约9000元，人情世故支出费用大约1500元，用于农业生产费用大约3000元，服装食品支出大约2500元，交通通信费用大约2000元，其余费用大约1000元。

谈及工作经历：YDC书记说1995年至2006年任村委会文书兼会计，2006年8月至今任村委会主任，当时高票当选，总计3200人投票，获得3104张选票，担任村干部期间，工作勤勤恳恳，多次获得上级嘉奖，

2011年被评为"优秀共产党员称号"。自担任村干部后，YDC书记做了很多实事：

第一，基础建设方面，拓宽了村中公路，协助乡镇开展了水网和电网改造工程；改造灌溉沟渠累计15千米，其中政府拨款85%，15%自筹，人均20元；开展村里危房改造工程，目前共改造危房25户，开展村容规划和新农居规划工作。在政府补贴下改善村里的卫星接收和环保太阳能项目。

第二，开展国家政策法规方面的宣传工作，主要侧重于计划生育、土地管理、农村医疗卫生等方面的工作。

第三，乡村卫生管理方面，2008年建立垃圾集中清运制度，每人每年5元钱，集中整治了村中南街河、东关等几个垃圾存放点，有效整治了环境污染，美化了村容村貌。

第四，教育方面。近年来，对于考上大学的12名本村贫困大学生，村集体拿出资金进行帮助，累计帮助资金总额近9万元。

第五，推进了村务公开制度，对于低保补助、粮食补助等进行村务公开，极大地提高了村务的透明性。

第六，未来发展经济方面，结合村里实际情况，结合镇的"一村一品牌，一户一产业"的方针，在村委会的统一管理和布局下，以项目为支撑，以产业发展为目标，发展蔬菜大棚，做大做强榨油业加工，在村两委的扶持下，扶持一个村榨油业大户，树立品牌，形成集加工到销售的一体化经营模式。

谈到村里的工作，YDC书记眼神坚毅，对未来充满期望，希望未来在做大做强村集体经济、带领老百姓致富方面继续做出突出贡献。

个案四：MDF，男，59岁，回族，农民。访谈时间：2014年8月4日。

和MDF的访谈是在清真寺里，由于上周约好，正好今天他有空到寺里，就一起做了访谈，他家在南街南侧小河边上的大院落里，谈话从他家的院落开始，他的院子原来是祖上的祖宅，住了一大家子人，后来女儿出嫁，男孩到外地，就剩下他继承家业，他在当地读到高中，这在当时算是高学历，毕业回来被家里介绍了附近朝城的姑娘（也就是他的媳妇）。现在他主要靠种植，家里还开了一间油料加工作坊。年轻的时候曾经去济南做过学徒，学过木匠等方面的手艺。现在家中有 45 亩地，有 30 亩地种植粮食作物，还有 15 亩地种植经济作物。一年种植收入大约为 6 万—7 万元，再加上油料厂，每年收入大约为 15 万元。家庭支出最多的主要是再生产支出和教育支出，再生产支出每年大约 3 万—4 万元，教育支出每年大约 25000 元，其次为日常消费支出（衣食住行）大约为 20000 元，其爱人在镇卫生院做医生，每月收入 1800 元左右。家里各种电器一应俱全，有一辆跑生意的中型货车，去年购置了一台本田 CRV。MDF 有三个孩子，老大是个男孩，现在浙江台州做生意，老大小时候在清真寺进行过经堂教育，学习过阿拉伯语，后来又去兰州的经学院学习，所以精通阿拉伯语，后来去温州给来当地的阿拉伯人做翻译，有些积蓄后，自己做与西亚和中亚阿拉伯人商贸生意，现在一年的贸易额大约 3000 万元。二女儿在北京科技大学读生物化学专业的研究生，小儿子在山东大学读通信工程专业本科。在 MDF 眼中他对子女教育最感到满意，他认为再穷也不能穷教育。事实证明他的投资是正确的。他一直认为要多生孩子，他说周围他这个年龄段的都有 2—3 个孩子，有的甚至有四个，他认为投资孩子教育是高回报的，并会为国家做贡献。比如他的大儿子就经常会给家寄钱补贴家用。

谈到当地经济发展，MDF 认为最近几年富了一批人，依靠农业合作经营和农副业发家。他认为发展回族特色产业很有必要，当地民族特色保持得很好，有底子有人力，政府要有良好的引导，未来还是很有前途的，认为最近几年新农村建设做得很好，新农居是亮点，村容村貌比以前整洁多了。

谈到回族文化，MDF 认为现在年轻人对回族文化很淡漠，特别是"80"后"90"后这批人，他认为这样很不好，原因是要保持自己民族的传统，因为回族文化是很绚烂的，认为应当加大在青少年中的引导，比如他的小儿子回族认同感就不强。

谈到回汉民族关系，他认为当地回汉民族关系较好，但是还存在某些问题，比如汉族人对于回族人的认识方面，回族与汉族还是有隔阂的，但这种隔阂不是因为民族问题，而是局限于个别的经济纠纷和家庭纠纷，不会突出和上升到民族层面。

个案五：HRJ，男，37 岁，回族，小学教师。访谈时间：2014 年 8 月 5 日。

今年 37 岁的 HRJ，是张鲁本斋小学的一名普通小学老师。刚开始他对我们的访谈有些戒备，为了让其放松，和他拉拉家常，逐渐他的话就多了起来。他小时候家里条件不好，有一个哥哥和两个姐姐，他在家里排行最小，除了二哥念到高中外，其余的姐姐都只初中毕业。为了给家里减轻负担，两个姐姐过早嫁人，由于他二哥高中毕业后，外出打工赚钱，才避免他过早辍学。HRJ 从小学习成绩就好，一直担任班长职务，升入初中后，对数学很感兴趣，还兼任数学课代表，后来到聊城师范学院学的数学专业，毕业后在聊城开发区的一家外企做了一年分析员，后来感觉不好，2008 年回到家乡本斋小学当了一名数学老师，当时工资一个月是 1200 元，现在一个月能达到 3500 元左右，在乡镇上基本花费不多。他爱人也是小学教师，两人每月收入在 6000 元左右。在莘县县城有自己的楼房住宅。他认为最近几年镇里富裕了，但是人们没有以前朴实了，充满了不信任，他认为受外来不良习气的影响，镇里某些人在男女关系上比较混乱，这点很不好。他认为应该净化镇里的不良环境，他还表示怀念其小的时候的社会状况。他认为当地最优先发展的还是教育，作为回族，特别是伊斯兰传统教育较为缺失，应该加大这方面的教育力度。

个案六：MCY，男，46 岁，回族，农业合作社社主。访谈时间：2014 年 8 月 6 日。

对当地的 MCY 家访谈，MCY 是位 46 岁的中年男性，很健壮也很健谈，一看就是典型的山东大汉，访谈是在他的合作社里进行的，M 大哥包了 200 亩杨木林，发展林下养殖，与同村几个发展养殖的人员共同合作成立林下养殖生产合作社，形成了规模养殖，养殖小尾寒羊及土鸡，土鸡每年出栏两批，饲养周期为半年，一共出栏 3000 只。小尾寒羊一共饲养了 300 只。他最爱看的是中央七套的《每日农经》和《致富经》，其始终认为只有好的产品才能有市场需求和好的价格，这样的想法也让他陷入一个困境，供货周期长，数量不大，无论是大型超市、直销点、农贸市场等，要么因为数量问题，要么因为价格问题，始终无法完全打开市场。辛苦半年时间养成的土鸡部分卖给了当地的中间商，每斤10—13元，部分自己零售，每斤20元，每只鸡算下来可以卖到60元。如果每批养3000只，零售大概18万元。现在3000只鸡占用30亩地，除去在粮商和自家地里的玉米的花费，以及在林下套种的红薯和青菜的费用，每只鸡从孵化鸡苗、饲料、疫苗、人工等成本为35元，买鸡苗每只5元，每批的成活率大约为80%，他一年的收入大约为5万元，还有土鸡蛋可以卖，直接卖给中间商，每个可以卖到1.5元，土鸡蛋不担心销路。小尾寒羊羊舍在村西头他们家的自留地上，新修了三栋，准备再修三栋，一方面是为了扩大现有的规模，另一方面是直接销售羊崽，每只羊的纯利润在300元左右，300只羊的出肉期在一年半，纯利润能在9万元。MCY所在的合作社一共有农户6家，年养鸡大约在2万只，羊2000只，一年的纯利润大约在60万元。每年还需还农村信用社的贷款。

个案七：YD，女，25岁，回族，北京在读研究生。访谈时间：2014年8月6日。

YD是个很开朗的女孩，也许是回族女孩健谈和开朗的天分使然，她的梦想是做一名旅游卫视的节目主持人，她说这样就可以周游世界了。YD的家庭条件不错，父亲早年当兵退伍后在外地打工赚了一些钱，后来回来开企业，现在是当地有名的企业家，YD在北京读的大学，后来又读研究生，学的企业管理专业，她说她父亲想让她回来管理家族企业，所以听从父亲的意见学习企业管理，但是她不想回来。谈到原因是因为她觉得这个地方还是很落后，她向往大城市甚至国外的生活。她说父亲创业很辛苦，她从小就了解父母的艰辛，但是当地的回族人很抱团，这点让她感到很自豪，她为她的家乡自豪，因为从小就感受到回族亲族之间的温暖。但是长大之后她就感觉不好了，父亲有钱了，一年利润上亿元，周围的人也有钱了，感觉没有小时候那种大家庭的温暖了。她说现在每年回家过年都感觉没有意思，没有小时候的人情味浓，没有小时候年味浓了。她说她小时候不少同龄人现在都结婚生子了，高中或大学毕业后回到本地的人居多，不少上大学或读了研究生的都在外地的城市里，关于婚姻，她说会遵循家里的意见找一个回族男孩，生活习惯和风俗都会习惯，未来想要一个男孩、一个女孩。

个案八：MCF，女，43岁，回族，前村委会会计。访谈时间：2014年8月6日。

在某村委调研时，偶遇 MCF 大姐，村支书介绍说她是前任的会计，我产生了对其访谈的兴趣，我想了解 MCF 是如何获得村民的信任担任会计这一要职的。MCF 大姐为人爽朗直率，给人的感觉是很真诚具有领导才能。关于辞去村会计的原因 MCF 大姐说是因为她妹妹的病，她妹妹因为红斑狼疮过早地失去生命，她知道身体是最重要的，后来和她老公在县城开了一家健康方面的公司，做健康咨询和药品代购。笔者觉得作为一个回族的农村女性，能为了理想辞去工作去创业，这需要很大的勇气和智慧。

大姐高中毕业，这在二十年前在村中是很高的学历，生完孩子后，由于觉得在家清闲，在丈夫的支持下，竞选村党支部副书记，由于人缘较好，能力出众，所以得到村民的大力支持，那时的大姐只有25岁，进入村公社对她来说是一个巨大的挑战，同时也是一个巨大的机遇。当时的每月工资只有50元，但是大姐说她干得很卖力，挨家挨户地去调查，看看村民的困难，谁家有老人，谁家的孩子有困难都了如指掌。刚开始的几年挺难，大家的经济条件都不太好，但是尽可能多地为大家谋取利益、做好事，印象当时做得最多的工作就是组织宣传农作物经营和防治棉铃虫。干了8年的村党支部副书记，大姐的工资涨到每月360元，后来又兼任会计和文书，掌管钱和公章，是真正的大权在握，一干又是8年。大姐说回镇这几年发展得很快，得益于国家好的民族宗教政策，村里油光锃亮的柏油马路、村里的电网改造，都沾了国家政策的光，前几年国家民族宗教委杨主任还专门来过村里，看村里的民族宗教场所建设情况。从2008年后，村里的经济发展很快，村集体经济发展更快，有几个农业合作社，还有一个清真食品厂、一个村面粉厂。村民有钱了，年人均收入能达到3万元，有钱了村民就外出学习先进的经验，这些年也去过不少地方。MCF 大姐感觉未来发展一片光明，因为村经济发展得好，加上政府的扶持，回镇前景一片大好！

个案九：MW，男，47 岁，回族，私营企业主。访谈时间：2014 年8 月 7 日。

MW 的经历可谓具有传奇色彩。以下根据 MW 自述整理。

我小时候家里很穷，兄弟姐妹七个，我排老二，上面有姐姐，下面有三个妹妹、两个弟弟。由于家里孩子多，人民公社时期为了多赚工分，为了养活弟弟妹妹整天起早贪黑。改革开放后，1986 年为了赚钱去北京干过建筑工人，被一个叫"老黑"的东北人欺骗过，半年的工资都被骗走了，当时老黑说有渠道能钱生钱，利率比存在银行高很多，我把钱放到他那儿，一开始每个月还给我利息，三个月后就再也联系不到他。有点像现在的非法集资。1992 年在北京开始做服装批发生意，在今天秀水街附近，主要从河北安新等地的厂子进货，以羽绒制品居多，到 1998 年，赚到人生第一桶金 100 万元。后来我把北京的门脸盘了下来，但是因为家里的原因，老婆孩子不太适应北京的生活，2001 年 9 月我又回到了张鲁回族镇，刚开始起步很难，那时候在县城做某大品牌服装的销售代理，2003 年，有批货在路上莫名被劫走了，货运渠道商诬陷是我找人劫走了货物，并在当地报了警，河北警方到张鲁来抓我，我被他们带到河北的某个看守所关了起来，其间他们对我严刑逼供，关铁笼子、不让睡觉、拔头发，等等，想让我承认是我劫走了货物，但这件事情的确不是我做的，最后警方拿不到证据只能把我放了，后来我去告诬告我的那两个人，他们逃走了，在警方追捕他们的时候，很蹊跷，他们中一个跳楼死了，一个开车撞到树上死了。2004 年我不再做销售代理。2005 年我开始做榨油行业，当时依托当地回族商业联合会的推荐，主要是花生油和菜籽油，销往当地的清真菜馆，我印象 2007 年赚得最多，花生收购价格每公斤 3元，食用油价格调高，我扩大了生产线，申请了自主品牌和精细化的技术。到现在企业年产植物油一万吨，产品销往韩国和日本等国家和地区。

附录四　调研地点照片

张鲁清真寺山门

镇中街道旁的马本斋将军塑像

新农居"将军名苑"

新建成的"本斋纪念馆"

当地集团化经营的炼油企业

南街村委会大院

木材加工企业

冬暖式蔬菜大棚

后　记

本书是在我博士学位论文基础上修改而成的。

天凉好个秋，年复周始，窗外天空很蓝，北京经历了"APEC"蓝、"阅兵蓝"的洗礼，今年国庆的京城显得格外美。论文的创作接近尾声，预示着前后将近一年半的对鲁西北地区"回镇"调查接近尾声，但对"回镇"的研究不会终结，对乡土中国的研究不会终止，"志在富民"是费孝通中国农村社会调研的期望，作为费派传人也会秉承费老的愿望，了解和剖析中国农村社会，指点一条富农富民的康庄大道！

投入社会学专业门下是十三年前的事情，作为一名"大农村"出来的没见过多大世面的青涩学子，来到北京，进入中国民族学和社会学的最高学府中央民族大学学习，内心充满憧憬。如饥似渴般地畅游在知识的海洋中，在"差序格局"里透视中国传统关系，在"社会学想象力"里迸发研究的激情，在"乡土中国"中品味中国农村味道，一本本书、一节节课、一位位令人尊敬、和蔼可亲的教授，太让人沉醉，谁承想本硕博一醉十一年，成了"三民人"！

感谢我的博士生导师姚丽娟教授，在本科和硕士研究生学习期间就曾选修过老师的教育社会学及农村社会学课程，到博士期间继续拜在老师门下，姚老师率达乐观，为人正直，学术严谨，既是我在学术上的良师，又是我生活中的慈母。每每遇到困难，老师总能为我提供帮助和很好的建议，民大十多年的求学得益于老师的教诲，受益终身！感谢硕士生导师徐平教授的指导，三年的谆谆教诲，为我继续开展社会学的学术研究奠定坚强的基石，感谢本科生导师王晓莉教授，本科四年无微不至的关怀，培养了我正确的价值观且养成了学术兴趣。感谢民族学与社会学学院的诸位老师，白振声老师、丁宏老师、良警予老师、何俊芳老师、菅志翔老师、任国英老师、包智明老师、王建民老师、贾仲益老师、潘娇老师、张海洋老师、董妍老师等。伟大的思想、伟大的精神、伟大的成就得益于生活及学习在一帮中国最顶尖的名师之中，思维、惯习、想象力每每升华，或豁然开窍，无不感激涕零，那种内心的愉悦和满足是无法用言语表达的。

感谢民大2012届社会学博士班的可亲可爱的同学们：吕洁、包路林、曾祥明、张学东等同学，在共同学习与交流的过程中，他们不同的秉性、各异的思想、独到的观点，带给我更为开阔的视野、更为深入的思考，以及更为豁达的生活态度。

感谢我的家乡"回镇"，也许用这个称谓来定义它过于宽泛，但它同祖国千千万万的乡镇一样经历着发展、经历着变迁。这里的人们在汉文化包围中犹如沧海一粟，但谁都不能否定它真切地存在着，百年来保持着伊斯兰文化，人民勤劳朴实勇敢地生活，我佩服他们，不只是因为家乡的缘故，而是那种"倔强"的生命力，在传统与现代、汉文化与伊斯兰文化的碰撞中生存，每个人的生活都是如此的真实。感谢所有我在"回镇"调研中给予我帮助的人们，太多，我就不在此列举。此时脑海里浮现出儿时祖父家中葱郁的竹林在风中摇曳的场景，心始终是联系在一起的，未曾磨灭！

感谢我的父母，父母由于工作的原因暂时分开，作为儿子不能常回家陪伴他们，心中很是愧疚。父母之情受之发肤，情之深不能用言语表达，感谢他们为我的前程和未来发展所做的努力，犹记得小时候母亲为了不影响我的学习每天无论多忙准时的三顿饭，为了让我长高所做的各种努力，为了我的成长所做的各种牺牲，父亲在我遇到困难时给予我的无数次鼓励和帮助；犹记得十三年前同来北京读书时的上阵父子兵的情景，以及那个下大雪的夜晚步行去大运村找父亲的情形历历在目，父母之爱是一座山，故事例数又是一篇博士论文。感谢我的妻子，感谢她的坚强和勇敢，这些年她承受了很多本不属于这个年龄所要承受的困难和挫折，那种不服输的精神比男人的心胸都要宽广，让我深深敬佩，感谢妻子在我读博期间的陪伴和宽容，珍爱永远。笔触至此，满是感恩！

学术之路漫长曲折，也许终身陪伴的是无数个孤灯下苦心钻研的无眠夜晚，我将竭尽所有钟爱为之付出十多年理想的学科。学术同人生道路一样终究坎坷，充满未知的荆棘，我将毕生的心血与热情倾注其中，为了心中的梦，为了所有人的嘱托和期许！

李宇鹏

2017 年 12 月 13 日夜于北京朝阳北苑